Jang Hee-jun's Nietzsche in the Digital Age

디지털 시대에
다시 만난 니체

| 장희준 | 지음

디지털 시대에
다시 만난 니체

초판 인쇄일 2025년 12월 10일
초판 발행일 2025년 12월 10일

지은이 장희준
펴낸이 장문정
펴낸곳 도서출판 그림책
디자인 이정순 / 정해경
출판등록 제2010-000001
주소 경기도 수원시 영통구 이의동 웰빙타운로 70
연락처 TEL070-4105-8439(010)2676-9912
E-mail : khbang21@naver.com

Copyright C 도서출판 그림책. All rights reserved.

이 책의 글과 그림의 저작권은 지은이가 가지고 있습니다.
이 책의 일부 또는 전체에 대한 무단 복제 및 전재를 금합니다.
저자와의 합의에 의해 검인지는 생략합니다.
도서 가격은 뒤표지에 있습니다.

※ 잘못된 책은 바꿔 드립니다.
Published by 도서출판 그림책 Co. Ltd. Printed in Korea

Jang Hee-jun's Nietzsche in the Digital Age

디지털 시대에
다시 만난 니체

| 장희준 | 지음

책머리에

니체와의 첫 만남은 2022년 초였다. 독서라는 폭풍이 내 삶을 휘몰아치던 시절, 소설에서 철학까지 장르를 가리지 않고 마구잡이로 책을 탐하던 어느 날, 우연히 "이 사람을 보라" 한 권이 내 손에 도달했다. 문장은 난해했고, 사유는 깊고 거칠었다. 한 줄을 읽을 때마다 미끄러지는 듯했고, 이해는 번번이 벽에 부딪혔다. 그럼에도 이상하게 나는 이 철학자에게 더 다가가고 싶었다. 알 수 없는 힘이 내 안에서 미세하게 흔들리며 "이 사람을 끝까지 따라가 보라"고 속삭이는 듯했다.

그러나 철학을 전공한 학도도 아니고, 충분한 학력으로 무장한 사람도 아닌 내가 니체의 언어를 해석한다는 일은, 처음부터 버거움 그 자체였다. 읽다가 덮고, 덮었다가 다시 펼치는 일을 반복하며 "굳이 이 어려운 책을 붙들고 씨름할 필요가 있을까?" 스스로에게 묻던 날도 있었다.

그때 문득, 30년 전 금강경 한 권을 붙들고 일 년을 버티던 젊은 날의 내가 떠올랐다. 하루 종일, 심지어 꿈속까지 밀고 들어오던 그 문장들. 꿰뚫어 보고 싶다는 열망 하나로 버티던 그 시절의 내 모습이 낡은 사진처럼 되살아났다.

그 기억은 다시 손에 든 니체의 책을 내려놓지 못하게 했다. 그리하여 나는 무모하게도, 가장 나중에 읽어야 한다고들 말하는 "차라투스트라는 이렇게 말했다"를, 다른 어떤 입문서보다 먼저 펼쳐 들었다. 그리고 주석서를 여러 권 찾아 읽고, 마침내 니체의 언어가 가진 독특한 매혹에 깊이 빠져들기 시작했다.

물론 내 지혜의 한계는 언제나 그를 온전히 이해하기에 부족했지만, 그 부족함이 오히려 나를 쓰게 했다. 쓰는 동안에 배우고, 배우는 동안에 또 쓰는 일. 그렇게 나는 니체의 문장들에 주석을 달기 시작했고, 2024년 1월 26일 SNS에 첫 글을 올린 이후 1년 6개월 동안 쉼 없이 쓰고 다듬은 결과가 지금 이 책이 되었다.

오로지 나 자신의 공부를 위해 쓴 글을 독자에게 내어놓는다는 일은 언제나 부끄러움과 설렘이 함께 찾아오는 법이다. 짧은 식견으로 해석한 니체의 세계가 권위 있는 학자들의 저작과 비교하면 얼마나 보잘 것 없는지 나는 누구보다 잘 알고 있다.

그러나 언어는 누구를 만나느냐에 따라 전혀 다른 길을 열기도 한다. 철학을 전공하지 않은 비전문가의 시선도 또 하나의 통로가 될 수 있다면, 그 통로가 단 한 사람에게라도 조금 더 건강하게, 조금 더 자유롭게 삶을 바라보게 하는 힘이 되기를 바랄 뿐이다. 니체가 말하는 위버멘쉬의 길은 특별한 사람에게만 열리는 길이 아니라, 스스로 건강하고 자유롭고자 하는 모든 이에게 열려 있는 길이기 때문이다.

무모하게 시작된 여정이었지만 한 걸음 내디뎠다는 사실만으로도 나는 니체의 언어에 조금 더 가까워졌다고 믿는다. 앞으로도 더 나은 언어를 창조하는 작가가 되기 위해 세상이 보여주는 모든 것들과 대화를 멈추지 않을 것이다. 그러다 언젠가 또 다른 글로, 조금은 더 성숙한 사유로, 독자 여러분과 다시 만날 수 있을 것이다.

그리고 언젠가 이 책을 읽어 주신 독자님들과 직접 이야기를 나누는 북 콘서트를 열 수 있다면, 그 자리에서 나보다 훨씬 깊고 넓은 지혜를 가진 독자님들과 함께 담론을 펼쳐 보기를 조용히 소망해 본다.

부산 금정산 자락에서
2025년 11월
장희준 올림

차례

책머리에 4

1부 서문

서문 1편	14
서문 2편	18
서문 3편	20
서문 4편	22
서문 5편	24
서문 6편	27

2부 새로운 항해

1편 국가라는 허상	32
2편 자기독에 죽는 뱀은 없다	34
3편 절대악에 대하여	36
4편 제때 죽도록 하자	38
5편 거울을 든 아이	40

6편 신을 말하지 마라 42
7편 인간이 신을 만들었다 44
8편 동정심을 경계하라 46
9편 눈에는 보이지 않는 악의 바이러스 49
10편 눈에 보이는 것이 전부가 아니다 51
11편 하느님보다는 조물주를 53
12편 도덕군자 흉내 내지 마라 55
14편 삶은 쾌락의 샘이다 59
15편 천민의 삶을 떠나서 61
16편 타란툴라(거미) 63
17편 평등, 이루어질 수 없는 사랑 65
18편 늑대의 삶 67
19편 거짓 현자에 대하여 69
20편 동정의 비애 71

3부 나를 찾아서

1편 춤추는 인생 74
2편 중력이란 괴물 76
3편 지혜를 찾지 마라 78
4편 청춘의 회상 80

5편 자기극복이란 82
6편 힘에의 의지(Will zur Macht) 84
7편 심연이란 바다 86
8편 고매함에 대하여 88
9편 교양이란 90
10편 학자들이여! 92
11편 시인에 대한 생각 94
12편 선동가와 혁명가 96
13편 소리 없는 소리 98
14편 진정한 불구자 101
15편 의욕하는 인간이 되어라 103
16편 현명한 대인관계 106
17편 허영심이란 괴물 108
18편 명상의 위험 110
19편 침묵, 세상에서 가장 큰 소리 112
20편 인생은 방랑자 114
21편 자신의 한계를 넘어서라 116
22편 심연에 이르는 자 118
23편 진정한 용기 120

4부 나를 만나서

1편 행복을 찾아서				124
2편 불행이란 선물				126
3편 선악을 넘어서				128
4편 덕을 밝혀라				130
5편 살아있는 언론				133
6편 신을 죽인 니체				135
7편 인맥 관리의 허상			137
8편 육신의 욕망				139
9편 무겁다는 의미				142
10편 선하다는 착각				144
11편 선악이 있다는 망상			147
12편 서판을 부숴라				150
13편 사랑하는 법을 배워라			152
14편 제발 박살내라				154
15편 깨어 있는 자				156
16편 단두대 위에서				159
17편 창공을 날아올라라			162
18편 동정에 대하여				165
19편 삶을 사랑하라				168
20편 창조 에너지				171
21편 이 대지를 사랑하라			174

| 22편 춤추는 인생 | 177 |

5부 그래도 인간을 너무나 사랑해서

1편 너 자신이 되어라	180
2편 영혼의 꿀단지	183
3편 상류사회 말종들	185
4편 건강한 농부	187
5편 위대한 전쟁	189
6편 거머리	191
7편 올라가는 자	193
8편 환상의 마술쇼	195
9편 조작된 예수	197
10편 위대한 사랑	199
11편 아무나 돕지 마라	201
12편 참회와 반성	203
13편 그림자 사랑	205
14편 위대한 정오	207
15편 돌아오는 길	209
16편 웃고 사는 인생	211

프리드리히 니체의 생애   213

글을 마치며   215

1부
서 문

1부 차라투스트라는 이렇게 말했다.
1편 서문

니체의 『차라투스트라는 이렇게 말했다』의 서문을 먼저 정리하는 이유는 분명하다. 니체가 왜 이 책을 쓰게 되었는가를 이해하지 못한 채 본문으로 들어가는 것은 깊은 숲에 들어서서 길의 방향을 잃는 것과 같기 때문이다. 그래서 필자는 서문을 여섯 편으로 나누어 정리한 후, 그 이후에 본문을 함께 읽어가고자 한다.

이 책의 제목 『차라투스트라는 이렇게 말했다』에서 '차라투스트라'는 조로아스터교의 창시자 조로아스터(Zarathustra)를 가리키는 말이다. 동시에 그것은 니체 자신을 상징하기도 한다. 니체는 자신의 사상을 표현하기 위해 수많은 비유와 패러디를 사용했는데, 그중 가장 대표적인 비유가 바로 '차라투스트라'이다. 즉, 차라투스트라는 실존 인물이 아니라 니체의 사유가 형상화된 철학적 자아라 할 수 있다.

서문은 이렇게 시작된다. 차라투스트라는 서른이 되었을 때, 고향과 고향의 호수를 떠나 깊은 산속으로 들어간다. 그곳에서 그는 10년 동안 지치지 않고 정신과 고독의 시간을 즐기며 산다. 하지만 마침내 그에게 심경의 변화가 찾아온다. 어느 날 동이 트자 그는 자리에서 일어나 태양 앞으로 걸어 나가 이렇게 외친다.

"위대한 별이여!
그대가 빛을 비추더라도
그것을 받아들일 존재가 없다면
그대의 행복은 무엇이겠는가?"

그는 태양처럼 세상에 내려가 자신이 얻은 깨달음을 인간들에게 나누고자 결심한다. 그리고 이렇게 선언한다. "차라투스트라는 다시 인간이 되고자 한다." 이때부터 차라투스트라의 '몰락', 즉 세상으로의 귀환이 시작된다. 이 대목은 단순한 서술이 아니라 상징적 비유다. 차라투스트라가 산을 떠나는 장면은 예수가 서른 살에 고향을 떠나 사십 일 동안 광야에서 명상하고 깨달음을 얻은 사건을 연상시키도록 의도된 것이다.

그렇다면 질문이 생긴다. "신을 죽인 니체가 왜 예수의 이야기를 빗대어 서문을 열었는가?" 많은 사람들이 오해하듯, 니체가 죽였다고 말한 '신'은 예수 그리스도가 아니다. 니체가 말한 '신의 죽음'은 인간을 속박하던 모든 절대적 가치와 도덕의 해체를 뜻한다. 그가 부정한 것은 신앙 그 자체가 아니라, 인간의 자유를 가두는 신의 이름으로 만들어진 도덕 체계였다.

서문 중반에는 상징적인 장면이 등장한다. 차라투스트라가 산에서 내려와 한 늙은 성자를 만나 대화를 나누는 장면이다. 늙은 성자는 차라투스트라에게 이렇게 조언한다.

"자네가 산속에서 10년 동안 수행해 얻은 깨달음을
저 아래 세상에 내려가 사람들에게 전하려 한다면
그것은 잘못된 판단일세.

인간들은 자네의 말을 이해하지 못할 것이며,
오히려 자네를 조롱하고,
혹세무민의 죄를 씌워 자네를 죽이려 들 걸세."

그는 덧붙인다.

"굳이 저 혼탁한 세상으로 내려가 욕을 먹어가며 사람들을 가르치려는 이유가 무엇인가?"

이에 차라투스트라는 조용히 대답한다.

"나는 인간을 사랑하기 때문이오."

성자는 고개를 끄덕이며 이렇게 말한다.

"그래, 나도 한때는 인간을 사랑했었지.
그러나 이제는 신을 사랑하네.
인간은 너무 불완전한 존재야.
인간에 대한 사랑은 나를 파멸시켰지."

그러자 차라투스트라는 혼잣말로 이렇게 중얼거린다.

"저 늙은 성자는 세상과 너무 오래 떨어져 있어서
신이 죽었다는 사실조차 알지 못하는구나."

이 장면에서 두 인물은 겉으로는 다르지만, 본질적으로 같은 존재다. 둘 다 '깨달은 자'이지만, 인간을 바라보는 시선이 다르다. 늙은 성자는 인간을 떠나 신에게 귀의했고, 차라투스트라는 신을 떠나 인간에게로 향한다. 이 대비 속에서 니체는 '신의 죽음' 이후, 새로운 시대의 철학이 향해야 할 방향을 보여준다.

니체의 언어는 쉽지 않다. 그의 문장은 때로는 시처럼 압축되어 있고, 때로는 번개처럼 찌른다. 그래서 사람들은 그를 이해하기보다 오해한다. 하지만 그의 언어가 어려운 것은 그가 감히 새로운 가치의 탄생을 꿈꾸었기 때문이다. 그가 쉬운 말로 세상을 설명했다면, 그의 사상은 철학이 아니라 교리가 되었을 것이다. 니체는 교리를 거부한 철학자였다.

필자 역시 그 깊이를 완전히 이해한다고 말할 수는 없다. 그러나 함께 읽고, 함께 사유하며, 함께 깨닫는 마음으로 이 연재를 시작한다. 앞으로 『차라투스트라는 이렇게 말했다』의 서문 6편을 연재하고, 그 후에 본문으로 이어갈 예정이다. 니체의 사유를 따라가며, 우리가 잃어버린 '새로운 인간'의 의미를 찾아보고자 한다.

차라투스트라는 이렇게 말했다.

1부 차라투스트라는 이렇게 말했다.
2편 서문

니체가 지금을 사는 우리들에게 가르치려 한 것은 바로 '초인(Übermensch)'이다.

니체가 말한 초인이란 무엇일까? 니체는 초인을 "극복되어야 할 그 무엇"이라고 말했다. 즉, 초인은 단순히 인간 위에 존재하는 어떤 신적 존재가 아니라, 자기 자신을 넘어서는 존재, 곧 '극복의 인간'을 의미한다.

초인으로 가는 과정에서 갖추어야 할 자격에 대한 해석은 다양하지만, 니체의 시각은 명확하다. 니체는 "초인이 보기에 인간은 원숭이처럼 웃음거리다"라고 말했다. 이 말은 곧, 대부분의 사람들이 아직 초인의 단계에 도달하지 못한 '극복 이전의 인간'이라는 뜻이다. 니체는 그런 인간들을 스스로를 넘어서지 못하는 인간이라는 의미에서 '말종(末種)'이라 표현했다.

또한 니체는 "초인은 대지의 뜻이다"라고 말했다. 여기서 니체가 말한 '대지(大地)'란 우리가 지금 발 딛고 살아가는 이 세계, 즉 현실 그 자체를 의미한다. 우리는 끊임없이 이 세계를 혐오하고, 지금의 삶을 부정하며, '저 너머의 세계', '하늘나라'라는 이상향을 추구하며 살아간다. 그러나 니체는 단호히 "이 대지 말고는 우리가 추구해야 할 다른 세계는 없다"고 말한다.

니체가 인간의 영혼이 빈곤하고, 더럽고, 가련하다고 한 이유는 우리의 영혼이 '지금, 여기'의 충만함을 알지 못하기 때문이다. 우리는 살아 있는 이 순간이 아닌, 죽은 뒤에나 도달할 수 있다고 믿는 어딘가의 이상 세계를 갈망하며 산다. 그러나 그런 욕망이야말로 우리의 영혼을 더욱 가난하게 만드는 것이다. 지금, 이 대지 위에서 충실히 사는 삶, 그것이야말로 영혼을 구제할 수 있는 유일한 길이다.

우리는 행복을 추구하고, 덕을 추구하고, 도덕과 정의를 추구하지만, 그 모든 것이 현실을 떠나 또 다른 세계를 만들려는 욕망이라면 그것은 끝없는 결핍과 불안을 낳을 뿐이다. 왜냐하면 지금 이 세계 말고는 다른 세계가 존재하지 않기 때문이다. 삶의 의미와 가치, 고통과 행복, 사랑과 눈물, 웃음 - 그 모든 것은 오직 이 세계 안에서만 얻을 수 있고, 다른 세계에서는 결코 얻을 수 없다.

우리는 늘 이 세계가 아닌 또 다른 세계를 꿈꾸며 살아왔지만, 니체는 말한다. "오직 지금, 내가 발 딛고 있는 이 대지에서 모든 것을 이루고자 하는 자, 바로 그가 초인의 삶을 사는 자다." 따라서 초인은 현실을 버리고 허무한 이상으로 도망치는 자가 아니다. 그는 이 대지를 사랑하고, 지금 이 순간에 충실하며, 스스로의 한계를 끊임없이 넘어서는 존재다. 니체는 우리에게 "지금 이 대지 말고는 그 어떤 세계도 말하지 마라"고 경고한다.

차라투스트라는 이렇게 말했다.

1부 차라투스트라는 이렇게 말했다.
3편 서문

니체의 언어 가운데 가장 자주 회자되는 단어가 있다. 바로 '파멸(破滅)'과 '몰락(沒落)', 그리고 '자신을 넘어서는 자(Überwindung des Selbst)'이다. 니체는 인간의 삶을 여러 유형으로 나열하며, 그중에서도 "자신을 넘어서는 자", 즉 초인(超人)의 삶을 가장 높이 평가했다. 그렇다면 왜 니체는 인간이 초인으로 거듭나기 위해서는 파멸과 몰락을 반드시 거쳐야 한다고 말했을까?

인간의 삶이 이전과는 비교할 수 없을 만큼 한 단계 더 높은 차원으로 도약하는 순간, 그 배후에는 언제나 완전한 몰락과 파멸이 있다. 만약 어떤 인간이 단 한 번도 몰락을 경험하지 못했다면, 그는 지금 이 세계에서 더 이상 한 걸음도 앞으로 나아갈 수 없는 사람이다. 파멸은 끝이 아니라, 새로운 세계로 넘어가기 위한 통로이다. 언제나 파멸과 몰락은 저 세계로 건너가려는 새로운 의지의 불꽃이 될 수 있다. 그렇기에 몰락하는 자는 단순히 무너지는 자가 아니라, 지금 서 있는 이곳을 스스로 파괴함으로써 다음 세계로 나아가려는 자이다.

니체는 이렇게 말한다. "언제나 자신에게 행운이 깃들기를 바라는 자, 그는 사기꾼이며 도박꾼이다." 우리는 뜻밖의 행운이 찾아오면 기뻐한다. 로또에 당첨되거나, 좋은 입지의 아파트 청약에 성공해 시세 차익을 얻는다면, 그것을 인생의 큰 복으로 여긴다. 그러나 니체는 묻는다. 그런 행운이 진정한 성장인가? 어쩌면 우리는 "언젠가 찾아올 행운"을 기다리며 평생을 기대 속에서 소모하다가 결국 아무것도 이루지 못한 채 허망하게 죽음을 맞이하는 존재인지도 모른다.

니체는 또한 말한다. "자유로운 정신과 자유로운 심장을 가진 자는, 머리가 심장의 내장일 뿐이다." 흔히 머리는 이성(理性)의 영역, 심장은 감성(感性)의 영역이라 말한다. 그러나 이 둘은 서로 분리되어 있지 않다. 만약 이성만 발달한 사람이라면 그는 진정한 사랑을 할 수 없을 것이다. 왜냐하면 사랑은 논리가 아니라 심장의 결단으로 이루어지기 때문이다. 인간은 언제나 머리가 판단한 일과 마음이 결정한 일 사이에서 충돌한다. 그때 대부분은 머리의 계산이 아닌 마음의 명령을 따른다. 비록 그 길이 몰락의 길이라 할지라도 말이다.

초인이 되기 위해서는 자신이 서 있는 안전의 다리, 즉 안락함과 행운의 다리를 스스로 부숴야 한다. 안전함은 인간을 무기력하게 만들고, 행운은 인간을 나약하게 만든다. 그 다리를 끊을 수 있는 용기, 그것이 초인으로 건너가는 첫걸음이다. 몰락과 파멸은 결코 비극이 아니다. 그것은 건너가려는 자의 숙명, 스스로를 넘어서는 자의 의식적인 선택이다.

"몰락하는 자만이 건너간다.
파멸 속에서만 새로운 세계가 열린다."

차라투스트라는 이렇게 말했다.

1부 차라투스트라는 이렇게 말했다.
4편 서문

니체는 인간이 '행복'을 찾아냈다고 믿는 그 착각을 정확히 지적했다. 우리는 하루 24시간 동안 적당한 쾌락이 주어지고, 특별히 나쁜 일이 생기지 않으며, 건강하게 하루를 마쳤다면 그것이 곧 '행복한 하루'라고 착각하며 산다. 그러나 묻지 않을 수 없다. 인간의 행복이 정말 그런 것인가? 그렇다면 왜 수많은 군중들이 스스로에게 '인간 말종(末種)'의 삶을 달라고 아우성치는가?

요즘 사람들이 가장 원하는 행복의 조건은 무엇일까? 대부분은 "부자가 되는 것"이라고 답한다. 그렇다면 돈이 많은 부자들은 모두 인간 말종인가? 반대로, 돈 없이 가난한 사람들은 초인인가? 니체는 그렇게 단순하게 말하지 않았다. 문제는 돈이 아니라, 그 돈을 통해 무엇을 극복하려 하는가에 있다. 이제 스스로에게 물어보라. 당신은 진정 부자가 되기를 원하는가? 단지 돈 많은 사람이 아니라, 자신의 힘으로 일어서 자본주의 세계에서 '돈으로부터 자유로운 인간'이 되기를 원하는가? 만약 그렇다면, 그것은 곧 초인의 길이다. 니체가 말한 초인이란 자기 한계를 넘어서 자유를 획득한 인간이기 때문이다.

우리는 흔히 말한다. "나는 돈이 많을 필요는 없어. 그저 걱정 없이 살 만큼, 하고 싶은 일을 하고, 가고 싶은 곳을 가고, 먹고 싶은 걸 먹고, 놀고 싶을 때 놀 수 있으면 돼. 그 정도면 충분하지." 그러나 그 '충분함'을 얻기 위해 하루에 얼마나 일할 각오가 되어 있는가? 만약 하루 15시간씩, 1년 365일 휴일 없이 30년을 성실히 일해야 한다면 어떨까? 그렇게 30년 동안 정성을 다해 일한다면, 당신이 입버릇처럼 말하는 그 '충분한 삶'을 정말 손에 넣을 수 있을 것이다. 어떤 분야든 좋다. 하루 15시간씩, 30년 동안 진심으로 몰두해 보라. 그 사람이 그 분야의 장인이 되지 못한다면, 그것이야말로 세상의 불합리일 것이다.

문제는 대부분의 사람들이 작은 노력으로 큰 대가를 바라는 '인간 말종의 사고방식'을 버리지 못한다는 점이다. 그 생각을 떨쳐내지 않는 한, 당신에게 완전한 행복을 보장하는 초인의 길은 결코 열리지 않는다. 니체가 말한 초인의 삶은 결코 특별한 것이 아니다. 매일의 삶 속에서 어제의 자신을 이기고, 스스로를 극복하며 살아가는 사람, 그가 바로 초인이다. 초인의 삶은 "그럼에도 불구하고"의 삶이다. 고통이 있어도, 좌절이 있어도, 실패가 있어도 그럼에도 불구하고 다시 일어서는 인간, 그가 초인이다. 인간 말종의 삶이란 어제의 자신에 안주하는 삶이다. 반면 초인의 삶이란 어제의 나를 죽이고, 오늘 새롭게 태어나는 삶이다. 오늘 당신이 살아야 할 하루는 이전의 어떤 날보다 더 싱싱하고, 더 생생해야 한다. 그 하루를 창조하고, 그 하루를 살아내라.

차라투스트라는 이렇게 말했다.

1부 차라투스트라는 이렇게 말했다.
5편 서문

니체는 초인으로 가고자 하는 사람을 '줄타기 광대'로 표현했다. 그리고 그 길을 방해하는 존재로, 한 명의 익살꾼(어릿광대)을 등장시킨다. 줄타기 광대는 초인의 길을 향해 위태롭게 나아가는 인간의 상징이고, 익살꾼은 그 길을 방해하는 조롱과 유혹의 화신이다.

누구나 한 번쯤은 자기 계발서나 명상, 마음챙김에 관한 책을 읽고 나서 깊은 깨달음을 얻은 듯한 순간을 경험한다. "그래, 나도 내일부터는 새로운 삶을 살리라. 더 이상 타인의 기준에 휘둘리지 않고, 진짜 주인으로서의 삶을 살리라." 하지만 그 결심은 대부분 사흘을 넘기지 못한다. 왜일까? 그것은 바로 '익살꾼' 때문이다. 평생 타인의 시선 속에서 살아온 사람, 남의 생각과 평가에 맞춰 살아온 사람이라면 스스로의 삶을 바꾸겠다고 결심하는 일은 줄 위에 선 광대와 같다. 그는 새로운 삶을 선택했지만, 그 선택은 곧 위험한 줄타기다. 조금만 방심하면 줄에서 떨어져 죽음에 이를 수도 있다.

자신의 삶을 한 번쯤 돌아보며 "이게 아닌데, 이렇게 살다가는 안 되는데…"라고 생각해 본 사람이라면, 그리고 타인의 눈을 의식하지 않고 스스로의 길을 걷겠다고 결심해 본 사람이라면, 그 길이 얼마나 험하고, 얼마나 바람 찬 광야인지를 잘 알 것이다. 왜냐하면 그 길에 먼저 나섰다가 실패한 사람들, 즉 초인의 길을 포기한 자들이 끊임없이 우리를 방해하기 때문이다.

술 친구를 예로 들어보자. 술을 끊는 일보다 어려운 것은 술 친구를 끊는 일이다. 어느 날 술자리에서 당신이 선언한다. "이제 나는 술을 끊고, 새로운 인생을 살겠네. 초인의 길을 걸어보려 하네." 그러면 술 친구들은 이렇게 말할 것이다.

"야, 친구야. 그 길 나도 가봤어.
안 되더라.
인생이 뭐 그렇게 바뀌는 것도 아니야.
그냥 되는 대로 살아.
초인의 삶이나 우리 삶이나 거기서 거기야.
오십보백보야."

그들은 당신의 변화를 응원하지 않는다. 오히려 당신을 다시 인간 말종의 세계, 즉 적당히 즐기고, 적당히 타협하며 살아가는 세계로 끌어내리려 한다. 그 익살꾼의 속삭임에 넘어간다면, 당신의 결심은 줄 위에서 미끄러지는 광대의 추락처럼 허무하게 끝나고 말 것이다.

니체는 줄타기에서 떨어져 죽음을 맞이한 광대를 향해 이렇게 말한다. "위험한 일을 천직으로 삼았으니, 그 점에서 조금도 부끄러워할 필요가 없다." 그에게 몰락은 죄가 아니라, 용기의 증거였다. 줄 위에서 떨어진 광대는 패배자가 아니라, 자신의 한계를 끝까지 밀어붙인 인간이었다.

초인의 삶을 살고자 하는 사람은 세상의 수많은 오해와 편견, 그리고 조롱을 감내해야 한다. 그 저항은 결코 만만치 않다. 왜냐하면 세상에는 초인이 되려는 사람보다, 이미 초인이 된 사람보다, 인간 말종이 압도적으로 많기 때문이다. 그러나 그럼에도 불구하고 니체는 이렇게 말했다. "인간은 극복되어야 할 그 무엇이다." 세상이 비웃어도, 익살꾼이 조롱해도, 자신이 선택한 길을 걸어가라. 그 길이 외롭고 고독하더라도, 그것은 당신이 선택한 길이다. 흔들림 없이, 끝까지, 무소의 뿔처럼 당당하게 나아가라.

차라투스트라는 이렇게 말했다.

1부 차라투스트라는 이렇게 말했다.
6편 서문

니체 사후, 그의 책을 읽은 사람은 그 수를 헤아리기 어려울 만큼 많다. 그리고 그 언어를 나름의 해석으로 이해했다고 말하는 사람도 적지 않다. 그러나 수많은 사람들이 니체를 읽었음에도, 니체의 언어를 온전히 이해한 사람은 드물다. 필자를 포함해서 말이다.

니체는 흔히 "망치를 든 철학자"라고 불린다. 그는 그 망치로 도대체 무엇을 부수고 다녔을까? 그것은 당시 사람들이 절대적인 진리처럼 믿고 있었던 잘못된 가치와 왜곡된 도덕, 선악의 개념, 그리고 우상들이었다. 니체는 "나는 신을 죽였다"고 말했다. 그 말은 단순한 신성모독이 아니었다. 그가 죽이고자 한 것은, 인간의 자유를 억압하는 낡은 가치 체계, 즉 도덕과 선악의 허위의식이었다. 그는 인간을 속박하고, 창조적 삶을 막는 수많은 '전도(顚倒)된 가치들'을 그 망치로 두들겨 깨부쉈다.

하지만 동일한 사회 집단 안에서 대다수가 믿고 있는 도덕과 선악의 기준을 무너뜨리고 새로운 가치를 세운다는 것은 결코 만만한 일이 아니다. 왜냐하면 그 다수는 자신들이 믿어온 가치가 부서지는 것을 결코 용납하지 않기 때문이다. 그들은 그것을 질서의 붕괴, 도덕의 파괴로 여긴다. 이것은 어느 사회에서나 반복된다. 예컨대 우리 사회에도 그런 현상이 있다. 일명

'빨갱이 신드롬'이다. 기존의 도덕과 선악의 사회적 기준이 "당신은 빨갱이입니까, 아닙니까?"라는 이분법적 잣대로 고착된 사회에서, 새로운 가치의 언어를 꺼내는 사람은 곧바로 낙인이 찍힌다. 기존의 질서를 지키고자 하는 사람들은 아마도 북한이 멸망하고 공산주의가 완전히 사라진 이후에도 여전히 '빨갱이'를 만들어낼 것이다. 왜냐하면 그것이 그들의 존재 근거이자 '선악의 기준'이기 때문이다.

그래서 니체는 본문에서 이렇게 말한다. "보라, 저 착하고 의로운 자들을!" 그 착하고 의로운 자들을 가장 미워하는 자는 누구인가? 바로 기존의 가치 질서를 지키려는 자들이다. 그들은 새로움을 두려워한다. 자신의 도덕이 무너질까, 자신의 신이 사라질까 두려워한다. 지금 이 시대에도, 우리 사회 곳곳에서 여전히 이런 일은 되풀이되고 있다.

결국 당신이 어느 가치를 중심에 두고 살 것인지는 스스로 결정해야 할 문제다. 낡은 서판 위의 가치를 기준으로 살 것인가, 아니면 새로운 서판에 스스로의 가치를 새기며 살 것인가? 그것은 오로지 당신의 몫이다. 세상은 언제나 '전도된 가치를 부수려는 자'와 '그 가치를 지키려는 자' 사이의 팽팽한 줄다리기 위에 서 있다. 그 줄의 한가운데, 새로운 세상을 창조하려는 자는 늘 외롭다.

본문의 마지막에는 정오의 창공을 나는 독수리와, 그 목을 감고 있는 뱀이 등장한다. 뱀은 고대 신화에서 유혹과 사악함, 교활함의 상징으로 묘사되지만, 동시에 지혜의 상징이기도 하다. 차라투스트라의 독수리는 높은 하늘에서 모든 것을 꿰뚫어보는 눈을 가지고, 두려움 없이 행동하는 존재이다. 그러나 니체는 말한다. "무모한 용기는 오히려 독이 될 수 있다." 그래서 차라투스트라는 독수리의 목에 지혜의 상징인 뱀을 감아 함께 날게 한다. 용기와 지혜 - 이 두 가지가 조화를 이룰 때 비로소 인간은 새로운 세계를 창조할 수 있다. 세상의 일을 도모하는 데에는 영리함만으로도, 용기만으로도 부족하다. 지혜와 용기, 그리고 행동, 이 세 가지가 균형을 이룰 때 비로소 새로운 질서가 탄생한다. 세상에 새로운 서판을 쓰려는 자여, 낡은 돌판을 깨뜨리고 독수리의 용맹함과 뱀의 지혜로 새로운 세계를 창조하라. 차라투스트라는 이렇게 말했다.

2부
새로운 항해

2부 새로운 항해
1편 국가라는 허상

한 민족이나 국가의 가치가 이웃 민족의 가치와 충돌할 때, 전쟁이 일어난다. 각자는 자기 민족을 대표하여 전쟁터에 나서며, 마치 올림픽 경기에서 금메달을 딴 자국 선수에게 환호를 보내는 것과 다르지 않다. 세상에서 가장 교활한 집단 중 하나가 '국가'다. 그리고 그 국가가 만들어 놓은 민족의 가치를 수호하는 사람을 우리는 '애국자'라 부른다.

웃기는 일이다. 그 '애국'이라는 이름의 열정이 얼마나 지속될 수 있을까? 이미 세계 최강대국 미국은 더 이상 단일 민족 국가가 아니다. 유럽의 대부분 국가들 또한 이민자의 비율이 30%를 넘어섰다. 향후 100년 후, 지구상에는 혼혈 민족과 아프리카·동남아시아·서남아시아계 인구가 지구 인류의 다수를 차지할 가능성이 크다. 미국 역시 유럽계 백인의 비중이 급격히 줄어들 것이다.

대한민국 사람이 미국 국적의 군인이 되어 전쟁에 참전해 혁혁한 공을 세운다면, 그는 한국인인가, 미국인인가? 그를 어떤 시선으로 바라보아야 하는가? 만약 그 전쟁이 '미·중 전쟁'이었다면? 그렇다면 반대로, 대한민국 출신이지만 중국 국적을 가진 군인이 그 전쟁에서 혁혁한 공을 세운다면, 그는 누구의 영웅인가? 인요한 씨는 어느 나라 사람인가? 골프 선수 리디아

고는 어느 나라 사람인가?

이 질문들은 모두 '국가', '민족', '애국', '종교', '역사'라는 이름으로 우리 안에 각인된 허상의 기준을 드러낸다. 그 수많은 기준들이 만들어 놓은 선악의 경계를 버려라. 그것은 진정한 선악이 아니다. 당신의 내면 깊은 곳에서 들려오는 진짜 목소리에 귀 기울여라. 그 목소리를 듣는 순간, 당신은 인간을 넘어서는 문 앞에 서게 될 것이다.

"인간은 극복되어야 할 그 무엇이다."

차라투스트라는 이렇게 말했다.

2부 새로운 항해
2편 자기독(自己毒)에 죽는 뱀은 없다

비난하는 사람도, 욕하는 사람도, 시기하는 사람도, 비방하는 사람도, 심지어 죽이려 칼을 휘두르는 사람도 - 그 누구도 해칠 수 없는 이가 있다. 그는 그 모든 것을 자신에게서 받지 않는 사람이다. 논쟁과 다툼은 상대의 행동을 받아들이는 자에게만 가능한 일이다. 받아들이지 않는 사람에게는 그것이 그저 스쳐 가는 바람일 뿐이다.

우리는 모든 번뇌와 다툼과 분노의 원인이 밖에 있는 독사가 내 목을 물어서 생긴 일이라고 생각하고, 그 독사를 죽여 없애야만 분노가 사라질 것이라 믿는다. 그러나 독사를 죽인다고 분노가 사라지지는 않는다. 독사가 아무리 물어도 죽일 수 없는 '용'은 어떤 의미일까? 스스로 강한 인간, 즉 위버멘쉬(Übermensch)는 오직 자신의 길을 가는 사람이다. 그는 무소의 뿔처럼 외로이 나아간다.

원한은 원한으로, 복수는 복수로 끝나지 않는다. 다만 쉽게 끝나지 않을 뿐이다. 독사가 물어도 죽일 수 없는 용은 쉬고 있는 사람을 말한다. 매일 밖에서 내 목을 물려 드는 독사는 언제나, 항상 나를 물어 치명상을 입히려 할 것이다. 당신은 치명상을 입을 수도 있고 입지 않을 수도 있다. 문제는 물린 독사의 독이 아니라, 당신이 용이 되어 있느냐 아니냐이다.

코끼리를 밟아 죽이려는 개미를 신경 쓰는 코끼리가 있을까? 사람들이 독사에게 물리고 그 독사를 죽이는 삶에서 한 발짝도 벗어나지 못하는 것은, 독사가 자신의 삶을 치명적으로 바꾸어 놓았다고 믿기 때문이다. 그러나 각자는 각자의 삶을 산다. 독사는 독사의 삶을, 용은 용의 삶을, 개미는 개미의 삶을, 코끼리는 코끼리의 삶을 산다. 그렇다면 독사가 당신을 물었던 목을 다시 핥아 줄 것인가? 개미는 코끼리 등을 타고 갈 뿐, 코끼리를 밟아 죽이려 하지는 않을 것이다. 독사에게 물린 독을 걱정하지 마라. 다만 당신 스스로 용이 되어라.

차라투스트라는 이렇게 말했다.

2부 새로운 항해
3편 절대악에 대하여

니체는 "선과 악은 존재하지 않는다"고 말했다. 그는 선악이란 플라톤을 거쳐 예수에 이르기까지 인류가 만들어낸 상상의 산물, 즉 인간이 창조한 개념일 뿐이라고 주장한다. 그렇다면 니체는 정말 선과 악이 존재하지 않는다고 말하고 있을까? 아니다. 그가 부정하는 것은 당신이 믿고 있는 선악, 즉 가짜 선악이다. 당신이 머릿속에서 '선악'이라 부르고 있는 그 이미지를 꺼내 보라. 그것이 정말 당신 자신의 선악인가, 아니면 누군가가 당신에게 주입한 선악인가?

오늘날 우리가 말하는 선악은 대부분 교육받은 선악, 강요된 선악, 이기적인 선악이다. 그 결과 인간은 스스로 선악을 구분하는 능력을 잃어버렸다. 선악은 머리로 배우는 것이 아니다. 그것은 울림이다. 때로는 눈물로, 때로는 환희로 나타나는 살아 있는 감응이다. 당신이 어떤 현상이나 상황을 받아들이는 그 순간의 숨결, 그 에너지가 바로 선악의 근원이다.

그렇다면 묻자. 교육받기 이전의 선악 이전에는 무엇이 있었을까? 니체는 말한다. 그곳에는 좋음과 나쁨(Gut und Schlecht)이 있었다고. 하지만 좋은 것이 곧 선이고, 나쁜 것이 곧 악이라고 생각하는가? 니체는 그것을 단호히 부정한다. 좋은 그림은 선한 그림인가? 그렇다면 나쁜 그림은 악한 그림인가? 그렇지 않다. '좋음'과 '나쁨'은 생명의 힘의 차이, 즉 생명력의 강약을 뜻한다. 반면 '선악'은 도덕적 평가의 잣대, 즉 인간이 만든 규범의 족쇄이다.

인간은 행동을 선과 악으로 구분하며 네 편과 내 편, 천국과 지옥, 이 세상과 저 세상으로 나눈다. 그리고 이렇게 말한다. 지옥은 나쁜 것이므로 악한 곳, 천국은 좋은 것이므로 선한 곳이라고. 이러한 이분법적 사고야말로 인간의 자유로운 영혼, 스스로 느끼고 판단하는 선악의 감각을 얽매어 버린다.

당신이 살아 숨 쉬는 선악을 느낄 수 있기를 바란다. 왜냐하면 선악은 배우는 것이 아니기 때문이다. 그것은 당신을 둘러싼 장막을 거두어 내는 일, 타인의 가치가 아닌 당신 자신의 진실한 울림을 회복하는 일이다. 악을 선으로 갚지 마라. 그리하여 네 안의 선악을 넘어서라.

차라투스트라는 이렇게 말했다.

2부 새로운 항해
4편 제때 죽도록 하자

니체는 『차라투스트라는 이렇게 말했다』에서 인간이 잘못 이해하고 있는 죽음을 바라보는 법에 대해 말한다.

삶이 시작이라면, 죽음은 끝이 아니라 완성이다. 죽음은 단절이 아니라 완결이며, 자신의 죽을 때를 알고 떠나는 자만이 얼마나 아름다운가. 이제 대부분의 사람들에게 죽음은 죽은 자 스스로 선택할 수 있는 영역을 벗어나 있다. 요양 병원의 의사와 기계의 손에 맡겨지는 죽음, 그것은 이미 자기 자신의 죽음이 아니다. 그러므로 의사의 손에 넘겨지기 전에 자신의 죽음을 정리하라.

죽음에 대한 두려움은 어디서 오는가? 그것은 제대로 살지 못했던 시간들, 즉 지나간 삶에 대한 후회에서 비롯된다. 하루하루를 남김없이, 마지막 에너지까지 전부 쏟아부으며 산 사람에게 죽음은 소멸이 아니라 완성으로 다가온다. 죽음은 "끝났다"가 아니라 "이루어졌다"이다. 완성된 삶, 다 이루어진 인생을 살아라. 그것은 자신의 삶을 무한히 신뢰하는 자만이 누릴 수 있는 축복이다.

우리는 평생 동안 타인에게도, 자신에게도 완전한 신뢰를 품지 못한 채 살아간다. 그리하여 어느 날 문득 맞이하는 죽음 앞에서 통곡과 회한이 밀려오는 것은, 결국 자신의 삶을 신뢰하지 못한 세월에 대한 후회 때문이다. 삶을 신뢰하지 못한 자는 죽음을 축제로 맞이할 수 없다.

투쟁하는 자에게나 승리한 자에게나, 주인으로서 당당히 오지 못하고 히죽히죽 웃으며, 도둑처럼 살금살금 다가오는 죽음은 가증스럽다. 니체는 말한다.

"나는 그대들에게 나의 죽음을 내가 원하기 때문에 나를 찾아오는, 자유로운 죽음을 권한다."

오늘을 제때에 맞게 살아라. 그렇다면 당신의 죽음 또한 제때에 올 것이다. 도둑처럼 살금살금 다가오는 죽음을 맞이하지 마라. 삶을 신뢰하지 못한 자에게 죽음은 늘 낯설고 두렵다. 그러나 자신의 삶을 온전히 신뢰한 주인, 그대는 죽음 앞에서도 자유로울 것이다. 당신의 삶의 주인으로서, 당신의 죽음을 맞이하라.

차라투스트라는 이렇게 말했다.

2부 새로운 항해
5편 거울을 든 아이

아이들은 거울을 좋아한다. 그들은 거울에 비친 모든 것들을 사랑한다. 아주 어린 시절, 아직 거울 속의 자신을 '나'로 인식하기 전의 그 시절 - 그때의 아이는 거울에 비친 모습 그대로의 나를 본다. 그러나 일단 자신을 인식하게 된 후부터, 우리는 죽을 때까지 그 순수한 시선으로 자신을 보지 못한다. 그래서 어쩌면, 거울을 든 아이가 지금의 내 얼굴을 비출 때 나는 놀라게 되는지도 모른다. 언제부터일까? 나는 거울 속의 '나'를 잃어버렸다.

"거울아, 거울아, 이 세상에서 누가 제일 예쁘니?" 백설공주의 계모처럼, 우리는 어느 순간부터 거울 속의 나를 볼 수 없게 되었고, 그 이후로는 거울을 두려워하게 되었다. 지금, 당신 앞에 거울을 든 아이가 서 있다면, 그 거울 속에는 누구의 얼굴이 비칠까? 잠시 멈추어, 스스로에게 물어보라. "나는 지금 누구인가?"

니체는 이렇게 말했다.

"나의 드센 지혜는 고독한 산 위에서 잉태되었다.
그리고 험준한 바위 위에서 나는 나의 마지막 아이를 낳았다."

그는 '드센 지혜'를 바위 위에 낳았다고 했다. 그 말은, 삶의 참된 축제란 비옥한 땅이 아닌, 오해와 편견의 돌밭 위에서도 피어나는 것임을 뜻한다. 진정한 깨달음은 편안한 길 위에서 자라지 않는다. 그것은 세상의 오해, 도덕, 선악, 그리고 신마저 죽인 자리에서 비로소 싹튼다. 그곳에서 태어난 지혜야말로 거울을 든 아이의 시선으로 다시 세상을 비추는 눈이다.

당신이 진정 당신다운 삶을 살아갈 수 있다는 것은, 모든 외부의 가치와 판단을 벗어던지고 다시 거울을 든 아이처럼 세상을 바라볼 수 있게 되었기 때문이다. 이제 나는 그 바위 위에서 태어난 지혜를 당신 곁에 조용히 눕히려 한다. 차라투스트라는 이렇게 말했다.

2부 새로운 항해
6편 신을 말하지 마라

니체는 묻는다. "당신은 신을 창조할 수 있는가?" 그리고 이어 말한다. "그럴 수 없다면, 침묵하라."

우리는 평생 동안 신이라는 말을 입에 달고 산다. 하지만 정작 우리 스스로 신을 창조하지는 못한다. 누가, 언제, 어떤 방식으로 나에게 신을 강요했는지도 모른 채, 그 만들어진 신이 내 삶과 생명의 주인이라고 믿는다. 그러나 니체는 말한다. "신은 죽었다." 그 말은 단지 신의 부정을 의미하지 않는다. 그것은 타인의 신으로부터의 해방이며, 스스로 신이 될 수 있는 인간 - 초인(Übermensch) - 의 탄생을 의미한다.

필자의 생각에 초인이란, 불교에서 말하는 '깨달은 자'와 본질적으로 크게 다르지 않다. 다만 니체의 초인은 신비적 해탈이 아니라, 삶의 현실 속에서 운명을 긍정하는 자이다.

초인이란 어떤 존재인가?

첫째, 운명을 사랑하는 자(Amor Fati)이다. 삶의 모든 고통과 불행마저 사랑하며, 그것을 자신의 일부로 끌어안는 자다.

둘째, 스스로 독립적인 자이다. 그 누구의 의존도 없이, 자신의 가치와 기준으로 서는 자다.

셋째, 세상의 객이 아닌 주인으로 사는 자이다. 세상이 그를 흔드는 것이 아니라, 그가 세상을 흔드는 존재다.

이제 이 질문을 스스로에게 던져보라. "나는 나의 옳음을, 진정 나 스스로의 옳음으로 깨달았는가?" 그 '옳음'은 누군가의 말, 사회의 규범, 유튜브에서 본 정보나 대중의 여론, 혹은 교회나 절에서 설파되는 도덕적 명제가 아니다. 그것은 타인의 옳음이 아니라, 주인으로서의 나의 옳음이어야 한다.

이 물음에 대한 답을 얻지 못했다면, 신에 대해 말하지 말라. 그 대신 스스로 초인이 되어라. 남이 만든 신을 읊조리기보다, 당신 자신의 신성(神性)을 창조하라.

차라투스트라는 이렇게 말했다.

"그대가 신을 말하려거든, 먼저 그대 자신이 신처럼 창조하라."

2부 새로운 항해
7편 인간이 신을 만들었다

니체는 말한다. "인식하는 자들이 비이성적인 것 속에서 태어날 필요는 없다." 그리고 덧붙인다. "만약 신이 존재한다면, 인간은 '내가 신이 아니라는 사실'을 견딜 수 없을 것이다." 그래서 인간은 신을 만들었다. 인간은 자기 자신의 형상을 따라 신을 창조했다.

그렇다면 이렇게 묻자. 인간의 형상을 따라 신을 만들었다면, 인간은 과연 '내가 신이 아니라는 사실'을 견딜 수 있겠는가? 인간이 만든 신의 유전자는 결국 인간의 유전자를 복제한 것에 불과하다. 즉, 인간이 만든 신은 인간의 복제품이다.

만약 개가 고등 동물로 진화해 신을 만든다면, 그 신의 형상은 개와 같을 것이다. 돼지가 신을 만든다면 그 신은 돼지의 얼굴을, 소가 신을 만든다면 그 신은 소의 형상을 가질 것이다. 마치 영화 〈혹성탈출〉에서 원숭이들이 인간의 자리를 대신하듯, 신 역시 각 존재가 자신을 투영해 만든 허상일 뿐이다.

우리는 상상 속의 모든 존재를 인간의 형상으로 빚어왔다. 천사도, 악마도, 신도 - 모두 인간의 얼굴을 하고 있다. 니체는 이러한 신 개념을 두고 말한다. "신이란 인간이 만든 억측(臆測)에 불과하다."

그렇다면, "인간을 신의 형상을 따라 만들었다"는 말은 논리적으로 넌센스가 된다. 오히려 진실은 그 반대다. 인간이 자신의 형상을 따라 신을 만들었다. 신을 믿는 사람들이여, 기억하라. 신은 형상이 없다. 그 형상을 부여한 순간, 그 신은 더 이상 신이 아니다. 그것은 단지 인간이 만든 그림자일 뿐이다.

차라투스트라는 이렇게 말했다.

"신을 본다는 자여,
그대가 본 것은 신이 아니라,
그대 자신의 얼굴이다."

2부 새로운 항해
8편 동정심을 경계하라

니체는 말한다. "내가 즐길 수 있을 때, 고뇌하는 자들을 향한 동정심이 나온다." 그의 말처럼, 인류가 세상에 존재한 이래로 인간은 '즐길 줄 모르는 존재'였다. 그리하여 그는 선언한다. "형제들이여, 이것만이 우리의 원죄다!"

니체는 동정심을 경계했다. 그가 말하는 동정심은 고결한 덕이 아니라, 즐김을 모르는 자의 피로한 감정이다. 그는 이렇게 경고한다.

"커다란 친절은 감사의 마음이 아니라 복수심을 일으키며,
작은 선행은 잊히지 않는 법이다.
그 잊히지 않음 속에서 좀벌레가 생겨난다."

받을 때에는 냉담하게 받아들이라. 그리하여 그대의 '받음'이 오히려 유별난 일이 되도록 하라. 이것이 니체가 "베풀지 못하는 자들에게 주는 조언"이다.

니체는 동정심을 드러내는 행위 자체가 수치스럽다고 했다. 그의 말은 예수의 말씀 – "왼손이 하는 일을 오른손이 모르게 하라" – 와 통하며, 또한 부

처가 설한 '무주상보시(無住相布施)'의 가르침과도 닿아 있다. 보시(布施)란 남에게 무언가를 주되, '주는 나'도 '받는 너'도 '주는 행위'도 머물지 않는 것이다. 니체의 철학 또한 그와 닮았다.

그래서 그는 말한다. "가능한 한 멀리 떨어져서 동정하라." 어떤 동정이든, "내가 너를 동정하고 있다"는 의식이 전해지는 순간 그 동정은 오히려 상대의 자존을 해친다. 니체는 그것을 '좀벌레가 끼는 동정심'이라 불렀다. 과한 친절은 감사보다 복수심을 일으키며, 도움을 받는 자에게는 언제나 빚의 그림자를 남긴다. 그는 그것이 인간의 관계를 병들게 하는 감정이라고 본다.

그렇다면 인간의 원죄는 무엇인가? 니체는 단호히 말한다.

"인간은 너무도 즐길 줄 몰랐다는 것 - 그것이 원죄다."

그는 운명을 사랑한 철학자, 즉 Amor Fati의 사상가였다. 스스로에게 주어진 운명을 사랑하고, 삶을 기꺼이 긍정하는 자만이 진정한 동정심을 나눌 수 있다고 그는 믿었다. 동정심이란 내가 쓰고 남은 것을 던져주는 시혜가 아니다. 그것은 나의 충만함, 나의 즐거움에서 흘러나오는 자유로운 나눔이다. 그것이야말로 예수가 말한 사랑이며, 부처가 말한 자비이며, 니체가 말한 힘의 나눔이다.

니체는 말한다. "너의 운명을 사랑하라. 삶을 즐겨라. 그때에야 네가 내어주는 동정은, 받는 자에게 어떤 빚의 그림자도 남기지 않을 것이다."

차라투스트라는 이렇게 속삭였다.

"너의 동정심이 누군가의 굴레가 되지 않게 하라.
동정하되, 자유롭게 사랑하라."

2부 새로운 항해
9편 눈에는 보이지 않는 악의 바이러스

니체는 말했다. "고통받는 친구에게는 부드러운 위로가 아니라, 딱딱한 침대가 되어주어라." 이 말을 곰곰이 새겨보라. 그리고 그는 덧붙인다.

"벗이 그대에게 악행을 저질렀을 때 이렇게 말하라.
나는 그대가 내게 한 행동을 용서한다.
그러나 그대가 그대 자신에게 저지른 악행,
그것을 내가 어떻게 용서할 수 있겠는가?"

그러므로 모든 위대한 사랑은 이렇게 말한다. "사랑은 용서와 동정조차 극복한다."

우리는 흔히 내 삶을 힘들게 만드는 존재를 '나를 거역하는 사람', '내 생각과 다른 사람', '나를 이해하지 못하는 사람'이라 여기며 원망한다. 하지만 니체는 말한다. 정작 우리를 병들게 하는 것은 그들이 아니라, 아무 상관도 없는 사람들에게 부당하게 행동하는 우리 자신이라고. 한 번 스스로를 돌아보라. 내 안에서 솟구치는 분노를 정작 그 당사자에게는 표현하지 못한 채, 불특정 다수를 향해 퍼붓고 있지는 않은가? 얼마나 많은 시간과 정성을 그 무의미한 비난과 험담의 자리에 쏟아붓고 있는가?

SNS에 넘쳐나는 분노의 물결을 보라. 수많은 종교, 수많은 정치 이념, 나와 아무 상관도 없는 뉴스들 속에서 사람들은 자신의 분노를 '정의'의 이름으로 투사한다. "국힘이 선하다." "민주가 선하다." "기독교가 옳다." "불교가 옳다." "이태원 참사, 채 상병 사건이 선하다." 이처럼 서로 다른 '선함들'의 충돌이 이 세상의 모든 악을 만들어냈다.

니체는 말한다. "커다란 사랑은 용서와 동정조차 극복한다." 용서와 동정 - 그것은 사랑의 이름을 빌린 악의 가면이다. 우리는 그 가면 뒤에 숨은 자기만족과 우월감, 그리고 보이지 않는 악의 바이러스를 보지 못한다. 참된 사랑은 용서하지 않는다. 왜냐하면 그 사랑은 용서가 필요 없는 경지에 있기 때문이다. 참된 사랑은 동정하지 않는다. 왜냐하면 그 사랑은 대상과 자신을 나누지 않기 때문이다.

그 어떤 경우에도, 우리에게 필요한 것은 '용서'도 '동정'도 아닌, 그 모든 것을 넘어서는 커다란 사랑이다. 오직 그 사랑만이 악행을 멈출 수 있는 유일한 길임을 잊지 마라.

차라투스트라가 당신에게 말했다.

"그대의 사랑이 너무 작다면,
그대의 용서와 동정은 이미 악의 그림자를 품고 있다."

2부 새로운 항해
10편 눈에 보이는 것이 전부가 아니다

니체가 말한 '미감(美感)'은 단순히 감각적 취미나 예술적 기호를 뜻하지 않는다. 그의 미감은 육체를 통한 자기 합일(自己合一), 즉 몸과 정신이 하나로 통합된 존재의 미학을 의미한다. 그것은 단순한 감상이나 미적 판단이 아니라, 삶 전체를 예술로 승화시키는 태도이다.

니체는 성직자들에 대해 이렇게 말했다. "아, 누가 나서서 저 성직자들을 구세주로부터 구원해 줄 것인가?" 이 얼마나 도전적인 말인가! '성직자를 구세주로부터 구원한다' - 이 역설적인 표현 속에는 그가 종교적 도덕 체계에 던지는 깊은 비판이 숨어 있다. 니체가 보기에 성직자들은 자신들이 세운 말과 교리의 틀 속에 스스로를 가두었다. 그들은 '성직자'라는 가면 아래 자신의 인간적인 본성을 묻어버리고 말았다. 그들의 언어는 인간을 해방시키기보다, 새로운 속박의 사슬로 만들었다. 거짓된 가치와 미혹의 말들 - 그것은 죽음을 피할 수 없는 인간에게는 가장 잔혹한 선물이다.

성직자들의 입에서 나오는 말이 정말 인간을 자유롭게 했다면, 이 세상은 이미 구원받았을 것이다. 그러나 현실은 정반대다. 그들의 말은 인간을 더 깊은 혼돈 속으로 밀어 넣었다. 그들의 가르침은 빛이 아니라, 우리의 영혼을 혼미한 어둠의 밤으로 이끌었다.

이제 스스로에게 물어보라. 성직자들의 말이 당신의 삶에 무엇을 가져다주었는가? 그 말들이 당신에게 어떤 자유를 주었는가? 그들은 당신의 내면을 깨웠는가, 아니면 도덕과 선악의 잣대로 당신의 자유를 억눌러왔는가?

니체는 우리에게 말한다. "눈에 보이는 것이 전부가 아니다." 성직자의 언어와 도덕, 그 뒤에 숨은 권력과 이기심을 꿰뚫어보라. 그것은 신성의 외피를 쓴 또 다른 지배의 수단이다. 눈에 보이는 신이 진짜 신이 아니며, 눈에 보이는 선이 진짜 선이 아니듯, 진리란 언제나 가면 뒤에 숨어 있다.

이제 스스로 위버멘쉬의 길을 걸어라. 남이 만든 신에게 구원받지 말고, 너 자신이 너의 구원자가 되라.

차라투스트라가 당신에게 말했다.

"성직자의 말에 귀를 기울이지 말라.
그대 자신의 내면에서 울려 나오는 목소리에 귀를 기울이라."

2부 새로운 항해
11편 하느님보다는 조물주를

한국 문화의 '조물주'와 기독교의 '창조주'가 어떤 차이를 지니는지 단정하기는 어렵다. 그러나 니체가 보기에, 기독교의 창조주는 결코 성격이 좋은 신은 아니었다. 그는 사랑의 신이라 불리지만, 성경 곳곳을 살펴보면 질투하는 신이며, 벌을 내리는 신이요, 시기하고 파괴하며 공포를 통해 복종을 강요하는 신이다.

니체는 이런 신을 향해 "신은 죽었다"고 말했다. 그것은 단순한 부정이 아니라, 인간이 신의 이름으로 스스로를 억압하는 구조에 대한 선언이었다.

그렇다면, 동양의 '조물주'는 서양 종교의 창조주와 어떻게 다를까? 동양의 조물주 역시 우주 만물을 만들었을지 모르나, 그는 인간의 삶과 죽음을 간섭하지 않는다. 그는 질투하지 않고, 시기하지 않으며, 파괴하지 않는다. 오히려 '조물주'는 생명을 살피는 존재, 고통 속에서 인간을 보호하고 걱정을 덜어주는 존재다.

만약 니체가 동양에서 태어났다면, 그는 아마 신을 죽인 철학자가 아니라 조물주와 타협하고, 그와 함께 인간의 길을 모색한 철학자가 되었을 것이다.

동양의 조물주는 인간에게 명령하지 않는다. 그는 믿음을 강요하지 않으며, "나를 믿지 않으면 지옥에 간다"고 협박하지 않는다. 그는 인간의 근심을 들어주고, 그저 묵묵히 인간 곁을 지키는 존재로 남아 있다. 우리 조상들이 공경했던 조물주는 명령하는 신이 아니라 위로하는 신이었다. 그는 아무것도 요구하지 않았으며, 그의 자비는 침묵 속에서 스스로 드러났다. 그래서 우리 조상들은 두려움 속에서 신을 섬기지 않았다. 그들은 사랑 속에서 조물주를 공경했다.

차라투스트라가 열변을 토했다.
"하느님을 두려워하지 말라.
그대의 조물주를 사랑하라."

2부 새로운 항해
12편 도덕군자 흉내 내지 마라

그대들은 마치 어머니가 자기 아이를 사랑하듯이, 자신의 '덕(德)'을 사랑한다. 그러나 묻자, 그 어떤 어머니가 자기 사랑의 도구로 아이를 키우지 않겠는가?

니체가 빌려 쓴 '도(道)'와 '덕(德)'은 동양 사상의 근간이다. 하지만 그는 우리가 무의식적으로 말하고 있는 '도덕'에 대해 매우 냉정하고 현실적인 비판을 가했다. 그에게 '도덕'은 절대적인 진리가 아니라, 인간이 만들어낸 습관의 산물이며, 권력의 언어였다.

그렇다면 우리가 믿고 있는 이 도덕은 어디서 온 것일까? 하늘이 준 것인가, 아니면 배워서 체화된 것인가? 만약 배운 것이라면, 그 도덕을 가르친 자는 누구이며, 무엇을 위해 가르쳤는가?

진정한 도덕이란 무엇인가? 우리는 일상에서 '도'보다 '덕'을 훨씬 더 자주 사용한다. "조상님 덕분에", "그 사람 덕분에", "하느님 덕분에"라는 말 속에서, '덕'은 감사와 공경의 언어로 쓰인다. 하지만 정작 "도덕이란 무엇인가?"라는 물음 앞에 명확히 대답할 수 있는 사람은 드물다.

니체는 말했다.

"도덕은 인간이 지어 입은 옷이다.
그러나 대부분은 그 옷이 자신에게 맞는지도 모른 채 살아간다."

그 옷은 내가 만든 것이 아니라, 누군가가 나에게 입혀준 옷일 가능성이 높다. 만약 '도덕'이 불변의 가치라면 천 년 전이나 지금이나 같아야 하며, 동서고금을 막론하고 누구에게나 동일해야 한다. 하지만 현실의 도덕은 시대마다, 국가마다, 사람마다, 상황마다 달라진다. 그렇다면 그것을 어찌 '절대적 도덕'이라 부를 수 있겠는가?

니체는 "신만 죽인 것이 아니라, 잘못된 도덕도 함께 부수었다." 그는 우리에게 묻는다. "그대가 믿는 도덕은 진정 그대의 것인가? 아니면 사회가, 종교가, 타인이 입혀준 옷인가?" 그 물음 앞에서 스스로의 대답을 찾지 못한다면, 도덕을 말하지 말라. 도덕 군자 흉내를 내기보다, 스스로의 도(道)를 찾아라. 그것이야말로 니체가 말한 인간의 자유, 그리고 초인의 첫걸음이다.

차라투스트라가 이렇게 말했다.

2부 새로운 항해
13편 도덕을 떠난 삶

니체는 목에 핏대를 세우며 외친다. "그대들이 도덕이라 부르는 것들 - 그것은 채찍 아래에서 일으키는 경련이며, 느슨해진 악덕의 다른 이름일 뿐이다." 스스로의 도덕을 돌아보라. 그 말이 당신의 가슴을 파고드는 울림으로 다가오기를 바란다.

오, 도덕 군자들이여. 그대들의 울부짖음이 들리지 않는가? 니체는 말한다.

"내가 아닌 것, 그것이 바로 나의 신이며, 나의 덕이다."

많은 이들이 니체를 '신을 죽인 자'로만 이해한다. 그래서 그를 도덕의 파괴자로 오해하지만, 그것은 그의 사상을 피상적으로 읽은 데서 비롯된 무지다. 니체는 도덕을 부정한 것이 아니라, "거짓된 도덕의 가면을 벗기려 한 것"이다. 그는 묻는다. "그대가 믿는 도덕은 진정한 마음에서 나온 것인가, 아니면 누군가에게 배워 입은 옷인가?"

그가 말한 '도(道)'와 '덕(德)'은 교회에 열심히 나가거나, 불심이 깊거나, 사회적 규범을 잘 지키며, 이웃을 돕는 이들의 덕행을 뜻하지 않는다. 그의 '도덕'은 타인의 눈에 비추어진 착함이 아니라, 자신의 존재로부터 흘러나

오는 생의 본능적 진실이다. 그것은 꾸며진 선이 아니라, 억압되지 않은 생명의 흐름이다.

니체가 말한다. "내가 아닌 것, 그것이 곧 나의 신이요, 나의 덕이다." 그 말은 불가(佛家)에서 말하는 아상(我相)과도 통한다. 우리는 자신이 만든 '나' - 즉, 이름과 지위, 역할, 성격 - 를 진짜 나라고 착각하며 그 위에 도덕의 옷을 입힌다. 하지만 그 모든 것은 일시적 환영, 사라질 그림자일 뿐이다.

그렇다면 아상은 도덕이 될 수 없다. 그러나 사람들은 여전히 '도덕'이라는 가면을 쓴 또 하나의 아상을 스스로의 진실이라 착각한다. 니체는 말한다. "도덕 이전의 나를 찾아라. 그때 비로소 그대는 자유로울 것이다." 도덕을 떠난 삶이란 비도덕이 아니라, 거짓된 도덕으로부터의 해방이다. 그곳에서 비로소 인간은 자기 자신과 다시 만난다.

차라투스트라는 이렇게 말했다.

2부 새로운 항해
14편 삶은 쾌락의 샘이다

니체는 인간을 두 부류로 나누었다. 하나는 천민, 그리고 다른 하나는 위버멘쉬(Übermensch, 초인)이다. 그렇다면 천민이란 어떤 사람인가? 니체가 말한 천민은 단순히 사회적 신분이나 계급을 뜻하지 않는다. 그는 동물적 본능에 종속된 인간, 즉 욕망과 습관, 타인의 가치 속에서 살아가면서 그것을 스스로의 삶이라 착각하는 자를 가리킨다. 천민은 깨닫지 못한 자, 혹은 스스로 깨어 있지 못함을 알면서도 깨닫기를 포기한 자이다. 그는 자신을 둘러싼 거짓된 질서 속에 안주하며, 그것이 진리라고 믿는다.

니체가 말한 깨달음이란, 선불교에서 말하는 "실상을 보는 눈"과 닮아 있다. 그 눈은 조작되고 왜곡된 세상을 교육받은 시선으로 보는 것이 아니라, 어떤 이름이나 가치가 붙기 이전의 '있는 그대로의 세계'를 바라보는 것이다. 그래서 니체는 말한다. "스스로 종속된 진리를 버려라. 그리고 안으로는 자신의 내면을, 밖으로는 세계의 실상을 보라."

그는 또 말한다. "더러운 꿈을 기쁨이라 부름으로써, 인간은 그 기쁨을 오염시켰다." 그가 말한 '더러운 꿈'이란, 우리가 흔히 인생의 목표라 부르는 것들이다. 좋은 집, 좋은 차, 좋은 옷, 교양 있는 취미, 그리고 세련된 대화 속에서 스스로를 포장하는 삶. 니체는 그런 삶을 "탐욕과 허영으로 치장된 전도몽상(顚倒夢想)"이라 불렀다. 그것은 실상이 아니라, 사회가 우리에게 주입한 '기억된 욕망'이다.

당신의 생각을 꺼내어 살펴보라. 그것이 진정 당신의 생각인가? 아니면 누군가의 교육, 권위, 제도, 혹은 유행이 심어준 생각인가? 니체는 우리에게 묻는다. "그대는 실상을 보고 있는가, 아니면 누군가의 꿈을 대신 꾸고 있는가?" 그 질문에 스스로 답하는 순간, 그대는 더 이상 천민이 아니다. 그때부터 비로소, 위버멘쉬로 향하는 길이 열리기 시작한다. 삶은 쾌락의 샘이다. 그러나 그 쾌락은 탐욕의 포만이 아니라, 존재 그 자체에서 솟아나는 생의 기쁨이어야 한다.

차라투스트라는 이렇게 말했다.

2부 새로운 항해
15편 천민의 삶을 떠나서

니체는 말한다. "천민과 깨달은 자의 경계가 흐려진 세상에서, 우리는 무엇으로 그 둘을 구분할 것인가?" 그의 질문은 단순한 신분이나 지식의 구분이 아니다. 중도라 부르며 세속의 욕망을 버린 듯 보이지만, 실상은 권력과 탐욕에 깊이 물든 가짜 성직자, 그리고 정의를 말하면서도 자신의 이익을 위해 '국민을 위한다'는 달콤한 언어를 늘어놓는 정치 지도자들 - 그 속에서 우리는 어떻게 진짜와 가짜를 구별할 것인가?

니체는 말한다. "오직 스스로의 내면이 훼손되지 않은 자, 그 단단한 정신을 지닌 자만이 천민의 삶을 떠나 위버멘쉬로 오른다." 그에게 위버멘쉬(Übermensch)는 어떤 종교적 경지나 초인적 신체의 존재가 아니다. 그것은 타인의 기준, 사회의 질서, 그리고 '옳다'고 강요되는 모든 가치로부터 스스로를 구해낸 인간이다. 니체가 자신을 "구역질나는 천민에서 벗어난 자"라 한 이유도 바로 거기에 있다. 그는 젊어진 눈으로, 더 높은 곳을 향해 날아오를 수 있었다. 그것은 오로지 의지의 해방, 즉 타인이 만들어놓은 의지의 감옥에서 벗어난 결과였다.

우리 대부분은 사회가 만든 의지의 틀 안에서 살아간다. 도덕과 선악, 성공과 실패의 기준 속에 자신의 의지를 스스로 제한하며 안전한 감옥 속에 안주한다. 그러나 니체는 그것이야말로 자유를 향한 의지의 타락이라 말했다. 그는 우리에게 요청한다. "창공을 나는 대붕(大鵬)처럼, 세상의 소음과 욕망의 그림자 위로 날아오르라. 그리고 그 높이에서 세상을 바라보라." 성공과 부, 명예와 탐욕으로 가득 찬 세상에서 한 걸음 물러나, 조용히 세상을 바라보는 그 시선 - 그것이 곧 위버멘쉬의 눈이다. 그 눈으로 세상을 사랑하라. 그 눈으로 자신을 초월하라.

차라투스트라는 이렇게 말했다.

2부 새로운 항해
16편 타란툴라(거미)

니체는 '타란툴라'를 통해 인간 내면 깊숙이 숨어 있는 복수심과 위선적인 평등 사상을 비판한다. 그는 타란툴라를 단순한 곤충이 아닌, 복수의 독으로 살아가는 인간의 상징으로 보았다. 타란툴라는 유럽에 서식하는 거미의 한 종류다. 니체는 이 거미를 빗대어, 겉으로는 정의를 외치며 속으로는 분노와 질투, 그리고 복수심을 품은 인간 군상을 풍자했다.

"그들은 머리와 입으로 평등을 노래하지만,
이미 그들의 마음속에는 우월감이 자리하고 있다."

니체에게 평등을 노래하는 자는 진정한 평등주의자가 아니다. 그들은 평등이라는 말을 이용해 자신의 도덕적 우위를 드러내며, '더 나은 사람'으로 보이고자 하는 위선의 옷을 입는다. 그는 말한다. "평등을 선동하는 자, 복수를 설교하는 자를 경계하라. 그들의 달콤한 말은 타란툴라의 독보다 더 위험하다."

복수심을 자극하는 것은 언제나 가장 강력한 선동의 방식이다. 세상의 불평등을 외치며 당신을 피해자로 만들고, 그 분노를 '정의'의 이름으로 포장하는 순간, 그들은 당신의 내면에 타란툴라를 심는다. 그러나 그들이 말하는 정의와 평등은 대부분 자신들의 욕망을 정당화하기 위한 수단일 뿐이다. 그들은 복수를 평등으로 바꾸고, 분노를 정의로 가장한다.

니체는 말한다. "세상이 평등하지 않다는 사실을 그대로 받아들일 때, 비로소 타란툴라의 유혹으로부터 자유로워질 수 있다." 세상은 본래 평등하지 않다. 육안으로 보는 모든 현실은 차이로 이루어져 있다. 평등은 바깥세상에 있는 것이 아니라, 오직 내면 안에 존재한다. 진정한 평등은 복수심이 사라진 그 자리에서 시작된다. 복수심을 억누르지 말고, 그 감정을 끝까지 바라보라. 그 독이 스스로 사라질 때, 당신은 복수의 굴레에서 벗어날 것이다.

입으로 평등을 설교하는 자를 조심하라. 그들은 결코 평등을 노래할 자격이 없다. 그들의 언어는 정의의 외피를 쓴 복수의 독이다. 니체는 말한다. "안으로 복수심을 채우고 밖으로 평등을 구하지 말라. 그 길만이 초인으로 가는 계단의 첫걸음이다."

차라투스트라는 이렇게 말했다.

2부 새로운 항해
17편 평등, 이루어질 수 없는 사랑

니체가 이토록 복수심을 자극하는 자들을 경계하고 멀리하라 한 이유는 무엇일까? 그는 인간의 영혼 깊은 곳에 숨어 있는 복수심이 가장 교묘하게 '정의'나 '사랑', 혹은 '평등'의 얼굴을 쓰고 나타난다는 사실을 알고 있었다. 만약 당신이 단 한 번도 복수심을 느껴본 적이 없다면, 당신은 이미 깨달은 자이거나, 비록 자각하지 못했더라도 복수심이 가져오는 결과를 정확히 꿰뚫어 보고 있는 사람일 것이다.

인간의 삶 전체를 관통하는 하나의 화두가 있다면, 그것은 다름 아닌 "투쟁을 내려놓으라"는 것이다. 우리는 새벽에 눈을 뜨는 순간부터 수많은 대상과 싸우며 하루를 산다. 타인과 싸우고, 세상과 싸우며, 결국에는 자기 자신과 싸운다. 만약 당신의 하루를 촬영하여 그 속의 모든 감정과 생각, 반응을 낱낱이 보여주는 장치가 있다면 그 화면 속의 당신은 과연 투쟁으로부터 자유로운 존재일까? 복수심으로부터 해방된 사람이라 자부할 수 있을까?

스스로에게 물어보라. 그 질문에 100% "예스"라고 답할 수 있다면, 당신은 이미 완성된 인간, 니체가 말한 위버멘쉬(Übermensch)에 가까운 존재다. 그러나 그렇지 않다면, 당신 안에 여전히 꿈틀거리는 복수심을 들여다보라.

그 감정은 어디를 향하고 있는가? 나와 다른 모든 것들과 싸우고 있는 당신 자신을 본다면, 그 투쟁은 결코 성공할 수 없다는 것을 알아야 한다. 설령 잠시 이긴 듯 보이더라도, 그 승리의 끝에는 허무와 자기 파괴의 그림자가 드리워져 있다. 단 한 번이라도 복수의 성공이 남긴 깊은 회한을 경험해 본 사람이라면 안다. 그 복수의 달콤함은 잠시뿐이며, 그 후에 남는 것은 오직 쓰라린 허무와 독(毒)뿐이라는 것을.

니체는 말한다. "복수심으로부터 자유로운 자여, 그는 이미 초인의 문턱에 서 있다." 복수의 불을 끄고, 투쟁의 칼을 내려놓아라. 그때 비로소 평등은 바깥세상이 아닌, 당신 내면의 깊은 고요 속에서 피어난다. 복수심으로부터 자유로워진 자 - 그가 바로 위버멘쉬다.

차라투스트라는 이렇게 말했다.

2부 새로운 항해
18편 늑대의 삶

니체는 우리가 흔히 '현자'라 부르는 사람을 누구라고 보았을까? 대개 우리는 종교 지도자, 사상가, 선비, 학자 같은 직함을 현자의 표지로 착각한다. 자신이 믿는 종교의 지도자를 최고의 현자로 추앙하고, 삶이 흔들릴 때 그들의 강의를 듣고, 상담을 받아 위안을 얻으려 한다. YouTube에 넘쳐나는 강의 - 황창연 신부님의 강의, 법륜 스님의 강의, 그리고 이름난 철학자들의 담론 - 그 속에서 우리는 고통의 해법을 찾으려 한다.

그러나 정직하게 말하자. 그 많은 청취와 독서, 방문과 의례 끝에 스스로 고통을 뚫고 나온 사람은 얼마나 되는가? 어쩌면 우리가 '현자'라 부른 이들에게서 삶의 핵심 해법을 찾기 어려운 까닭은, 우리가 현자를 오해하고 있기 때문인지도 모른다.

니체는 말한다. "주인은 노예들에게 방임을 허용한다." 여기서 '주인'은 기득권 개인이 아니라 군중이다. 군중은 '현자'를 찾는다. 왜? 자신들이 이미 믿고 있는 것을 정당화해 줄 목소리가 필요하기 때문이다. 그래서 군중에게 미움받는 자는 개들에게 쫓기는 늑대의 신세가 된다.

그 '개'는 누구인가? 니체의 문장에서 개는 군중 심리에 휩싸인 보통의 사람을 가리킨다. 우리는 "목사님, 스님, 권사님, 장로님" 같은 호칭과 그 사람이 걸어온 이력과 복장, 말투와 형식에 '거짓된 현자의 옷'을 입혀놓고, 그 형상에 맞춰 경배한다. 그리하여 우리 정신 속에서 그들은 현자처럼 살아난다.

그러나 현자는 직업이 아니고, 말솜씨가 아니며, 의복이 아니다. 니체가 현자를 개들에게 쫓기는 늑대로 비유한 까닭은, 진짜 현자가 군중의 환심을 사지 않기 때문이다. 그는 군중이 듣고 싶어 하는 말을 반복하지 않고, 군중이 외면하는 진실을 말한다.

니체는, 군중이 이름 높은 현자들을 숭배하려 하면서 그 숭배를 정당화하려는 충동을 "진리의 의지"라 불렀다. 그러나 그 진리의 의지는 종종 안락한 확신을 지키려는 자기기만일 뿐이다. 그가 "인간은 극복되어야 할 그 무엇"이라 말한 이유를, 여기서 깊이 사유해 보라. 극복해야 할 것은 타자가 아니라, 군중의 틀에 나를 끼워 맞추는 나 자신의 비겁함이다.

우리는 선택해야 한다. 늑대를 쫓는 개의 삶을 살 것인가, 개들에게 쫓기더라도 외로운 늑대의 삶을 살 것인가. 군중의 환호 속에서 안온하게 머물 것인가, 아무도 서 있지 않은 곳에서 자기 삶의 주인으로 설 것인가. 늑대의 삶을 택하라. 군중이 씌운 현자의 가면을 찢고, 스스로 위버멘쉬가 되어라.

차라투스트라는 이렇게 말했다.

2부 새로운 항해
19편 거짓 현자에 대하여

니체는 이 시대의 종교 지도자, 정치 지도자, 사상가, 그리고 철학자들 가운데는 거짓된 현자의 가면을 쓴 자들이 너무도 많다고 말한다. 그는 그들에게 이렇게 일침을 가한다. "사자의 가죽을 벗어버려라." 니체가 말한 '사자의 옷을 벗는다는 것'은 힘과 권위, 명성과 지식으로 자신을 포장한 가면을 벗어던지는 일이다. 그는 그들에게 "신을 버리고 타는 듯한 사막으로 가라"고 말했다. 그 사막이란, 자신을 지지하고 추종하는 모든 세력으로부터 떠나 오직 순수한 생명만이 숨 쉬는 고요한 공간을 의미한다. 그곳에서만 비로소, 현자라는 껍데기에 가려진 참된 자기를 만날 수 있기 때문이다. 우리는 얼마나 자주, 현자의 얼굴을 한 승냥이를 현자로 착각하고 추앙하며 살아가는가. 세상을 둘러보라. 거짓된 현자들이 너무 많아, 진짜를 찾아내기가 어려운 시대가 되어버렸다.

니체는 말한다. "밖에서 현자를 구하지 마라." 너새니얼 호손의 소설 『큰 바위 얼굴』처럼, 당신이 바로 그 큰 바위 얼굴이다. 사람들은 언제나 밖으로 현자를 찾아 헤맨다. 그러나 진정한 현자는 당신 안에 있다. 그는 당신의 내면 깊은 곳, 위버멘쉬(Übermensch)의 잠에서 깨어나는 순간 함께 눈을 뜬다. 거짓된 도(道)를 말하고, 진리를 팔아 천국을 장사하는 종교 지도자들, "사랑하는 국민"을 입버릇처럼 말하면서 그 말을 정치적 상품으로 소비하는 위정자들 - 그들에게서 어찌 현자의 빛을 구할 수 있겠는가?

오늘날의 YouTube와 Facebook이라는 무대는 자신의 내면이 단단하지 못한 사람들에게 거짓 현자들의 놀이터가 되어버렸다. 그들은 스스로를 깨달은 자로 포장하고, 군중의 박수를 먹고 자란다. 그들은 군중의 목소리를 빌려 "나는 군중으로부터 왔다. 신의 음성이 내게 들려왔다"라고 외친다. 니체는 경고한다. "속지 마라. 현자는 밖에 있지 않다. 진정한 현자는 당신 안에서 깨어나는 위버멘쉬와 함께 온다."

당신 스스로 현자가 되지 못한다면, 밖의 현자가 진짜인지 가짜인지 구분할 수 없다. 깨달은 자만이 깨달은 자를 알아보듯, 현자는 자기 안의 통달을 통해서만 진짜를 알아본다. 통달(通達)이란 서로 다른 종교나 사상을 초월한 일맥상통(一脈相通)이다. 그것은 좌도 우도, 불교도 기독교도 아닌, 모든 존재를 이롭게 하는 현자의 정신세계다. 밖을 구하지 말고, 스스로 현자가 되어라. 그때 비로소 세상의 거짓 현자들은 당신의 눈앞에서 그 가면을 벗게 될 것이다.

차라투스트라는 이렇게 말했다.

2부 새로운 항해
20편 동정의 비애

니체는 철학자이면서 동시에 작곡가였다. 그는 스스로 여러 곡을 작곡하기도 했으며, 이것은 아마도 바그너와의 인연이 그의 예술적 감수성을 자극한 결과였을 것이다. 니체는 이렇게 생각했다. "하늘의 태양은 하나지만, 진리라는 태양은 별의 수만큼 많다. 모두가 자기 자신을 가장 위대한 태양이라 여기며, 자신의 빛으로 세상을 비추려 한다." 각기 다른 종교와 사상들도 그들 나름의 태양이라 믿으며 사람들에게 다가온다. 그리하여 사람들은 저마다 바라보는 태양이 자신의 어둠을 걷어줄 것이라 확신한다. 그러나 니체는 묻는다. 그 빛은 진정 스스로의 빛인가, 아니면 누군가에게서 빌려온 반사된 빛인가?

니체는 "베풂에서 오는 나의 행복은, 그 베풂으로 인해 이미 죽었다"라고 말했다. 그의 말에서 '베풂'이란 단순히 물질적인 나눔을 뜻하지 않는다. 그가 겨냥한 것은 "인류를 위해 끊임없이 베푼다"고 자임한 신, 즉 기독교적 신의 자비였다. 니체에 따르면, 그 신은 베풂으로 인해 스스로의 수치심을 잃어버렸다. 그의 비유는 냉혹하다. "유통기한이 지난 음식을 배고픈 사람에게 던져주는 것과 같은 자비." 그것이 바로 신의 베풂이었다.

니체는 말한다. 진정한 베풂이란 '도와줌'이 아니라, '빨아들임'이다. 태양이 어둠을 거두어주었다고 자랑하지 않듯, 진정한 사랑과 자비는 스스로의 존재로써 세상을 비출 뿐이다. 태양은 빛을 내지만, 그 빛은 어둠을 없애려는 의도가 아니다. 그저 존재함으로 빛날 뿐이다. 그래서 니체가 죽여야 했던 신은 "주는 자와 받는 자"로 세상을 나누어 존재의 위계를 만들어버린 타락한 신이었다. 그가 말한 '빨아들임'은 주는 자도, 받는 자도 구분이 사라진 상태 – 존재가 하나의 순환으로 흐르는 상태를 의미한다.

태양의 삶은 의존에서 비롯되지 않는다. 태양은 스스로 존재하며, 그 빛은 필요로 하는 모든 행성에 골고루 닿는다. 하지만 행성이 밤을 맞이하는 이유는 태양이 빛을 거두었기 때문이 아니라, 행성이 스스로 태양에 등을 돌렸기 때문이다. 우리 또한 마찬가지다. 진리를 향한 당신의 걸음은 태양을 향하고 있는가, 아니면 그 등 뒤에 그림자를 만들고 있는가? 니체는 말한다. 밖의 종교나 사상, 혹은 타인의 지식에서 진리의 태양을 찾지 말라. 그 태양은 당신 안에 있다. 당신 스스로의 태양을 띄워라. 그 빛은 그 누구의 어둠도 판단하지 않고, 단지 스스로 빛날 뿐이다.

차라투스트라는 이렇게 말했다.

3부
나를 찾아서

3부 나를 찾아서
1편 춤추는 인생

차라투스트라는 한 소녀를 만난다. 니체의 글에서 자주 등장하는 남성과 여성, 소년과 소녀의 비유에는 깊은 상징성이 담겨 있다. 여성성은 육체적 즐거움, 밤, 생명의 탄생과 유지, 그리고 쾌락과 향연으로 표현된다. 반면 남성성은 이성적 사고, 고뇌, 낮, 죽음으로 비유된다. 그러나 니체가 여성을 낮추기 위해 이런 상징적 구도를 세운 것은 결코 아니다. 그의 의도는 삶의 양면성, 즉 본능과 이성, 생명과 죽음, 밤과 낮의 조화를 통해 인간 전체를 이해하려는 데 있다.

우리는 흔히 심연의 탐구, 지혜로운 행동, 절제된 삶을 더 고결한 것으로 여긴다. 그러나 니체는 이렇게 말한다. "춤출 수 없는 인생은, 아무리 고결하다 해도 이미 죽은 인생이다." 삶이 찬란한 이유는 죽음이 있기 때문이다. 빛은 어둠 속에서 더 선명해지며, 삶은 소멸의 예감 속에서 더 뜨겁게 빛난다.

니체에게 '지혜로움'이란 무엇인가? 그는 지혜를 사악한 계산으로 전락시킨 현대인의 모습을 비판한다. 오늘날 우리가 지혜롭다고 말하는 사람은 자신의 이익과 손해를 빠르게 계산하고, 상황에 따라 해야 할 일과 하지 말아야 할 일을 구분하며, 타인의 시선에 맞추어 카멜레온처럼 변신하는 사람일지도 모른다. 그러나 니체가 말한 진정한 지혜는 그런 냉철한 셈법이 아니다. 그에게 지혜는 춤추는 소녀요, 생명의 노래다. 그의 언어에서 '지혜'는 여성적 이미지로 빛나며, 그것은 이성과 계산이 아닌, 살아 있는 감정과 리듬의 표현이다.

이 장에는 사랑하는 꼬마 신(神)이 등장한다. 그는 바로 큐피드(Cupid)다. 니체는 이렇게 쓴다.

"사랑하는 꼬마 신이 눈물이 그렁그렁한 눈으로
그대들에게 춤을 청하리라.
그러면 나 또한 그 춤에 맞추어 노래하리라."

사랑은 춤추고 노래하는 것이다. 내면의 고요만으로는 살아 있는 인간의 전부가 될 수 없다. 삶은 고뇌와 절제만으로 완성되지 않는다. 삶은 춤이며, 노래다. 하늘의 별도, 바다의 파도도, 풀잎과 바람조차도 리듬을 타고 춤춘다. 온 우주가 노래하고 춤추고 있는데, 왜 오직 당신만이 춤출 수 없단 말인가? 삶은 노래하기에도, 춤추기에도 너무 짧다. 그러니 두려워하지 말고, 스스로의 음악에 몸을 맡겨라.

차라투스트라는 이렇게 말했다.

3부 나를 찾아서
2편 중력이란 괴물

니체 철학에서 가장 깊고 무거운 화두 중 하나가 바로 "중력의 영(靈, der Geist der Schwere)"이다. 그렇다면 왜 니체는 이 '중력의 영'이라는 개념을 그토록 중요한 철학적 주제로 삼았을까? 니체가 말한 중력의 영이란, 삶을 필요 이상으로 무겁게 바라보는 정신의 습성, 즉 인간이 스스로 만든 무거운 윤리와 도덕, 종교, 선악의 관념에 짓눌린 채 살아가는 상태를 의미한다.

니체는 『춤의 노래』에서 말한다. "춤추는 자는 하늘의 무게를 모른다." 그가 강조한 춤추는 인생, 즐기는 인생이란 삶을 가볍게 하라는 말이 아니라, 도덕의 갑옷, 하느님의 갑옷, 천국의 갑옷, 선악의 갑옷을 벗어던지라는 뜻이다. 중세 유럽의 기사들은 무거운 철갑옷과 긴 창에 갇혀 스스로의 몸을 속박했다. 그들은 날렵한 맨몸으로 중검을 든 칭기즈 칸의 군대를 감히 상대할 수 없었다. 과도한 무장은 생존의 방해물이 되었고, 그 무게가 그들을 패배로 이끌었다.

우리의 인생도 다르지 않다. 지나친 도덕률, 사회적 규범, '이래야 한다'는 타인의 시선으로 스스로를 묶어버릴 때, 그 무게는 영혼을 짓누른다. 니체는 이 무거운 짐을 "중력의 영"이라 불렀다. 그는 말한다. "아무것도 버릴 수 없는 사람은, 아무것도 느낄 수 없다." 얼마나 날카로운 통찰인가. 우리의 고통은 가지지 못해서 생기는 것이 아니다. 버리지 못해서 생긴다. 버릴 수 없기에, 마음은 점점 무겁고 영혼은 점점 둔해진다.

마흔이 넘으면, 우리는 무엇이 옳고 그른지를 따지는 지혜보다 먼저, 자신이 입고 살아온 도덕의 갑옷이 얼마나 무거운지를 돌아봐야 한다. 그 무게가 바로, 삶의 리듬을 앗아가고 우리의 영혼을 눌러온 중력의 영이다. 어떤 이는 돈의 노예로, 어떤 이는 종교의 노예로, 또 어떤 이는 명분 없는 일의 노예로 산다. 이들은 모두 스스로 지어 입은 중력의 갑옷에 갇혀 결국 스스로를 파괴하기도 한다.

이제는 돌아봐야 한다. 누가 내게 그 갑옷을 입혔는가? 정말로 그것이 나를 지켜주고 있는가? 아니면 나를 천천히 짓누르고 있는가? 이제 매일 하나씩 벗어라. 도덕의 갑옷, 신의 갑옷, 명분의 갑옷 - 그 무거운 모든 것을. 그때 비로소 삶을 온전히 느낄 수 있다. 삶의 무게를 가볍게 하라. 그 가벼움 속에서 비로소 인간은 자유로워진다.

차라투스트라는 이렇게 말했다.

3부 나를 찾아서
3편 지혜를 찾지 마라

니체는 인간이 말하는 '지혜'라는 것을 어떻게 보았을까? 그는 이렇게 말한다. "인간은 지혜를 몇 겹의 베일 속에서 보려 하고, 그 베일을 붙잡으려 애쓴다." 그러나 그가 보기에 인간이 말하는 지혜란, 진정한 깨달음이라기보다 자기 위안을 위한 허울일 뿐이었다.

도대체 지혜란 무엇인가? 우리는 지혜롭다는 말을 쉽게 하지만, 그 의미를 명확히 정의할 수 있는 사람은 드물다. 그럼에도 불구하고 누구나 '지혜로운 사람'으로 보이길 원한다. 칭찬받고 싶고, 존경받고 싶기 때문이다. 그러나 정작 지혜의 본질을 아는 이는 거의 없다. 어쩌면 진정한 지혜란 굳이 '지혜롭다'는 말을 하지 않아도 되는 것, 그저 있는 그대로의 삶을 통찰하는 힘인지도 모른다.

니체는 유머러스하게 말했다. "지혜란 늙은 잉어마저 꼬실 수 있다." 얼마나 통렬하고도 풍자적인 표현인가. 그에게 지혜란 현란한 지식의 기술이 아니라, 자연과 삶을 향한 유연한 감각이었다. 그래서 그는 말한다. "지혜에 목 말라 하지 말라." 지혜는 억지로 쌓는 것이 아니다. 구름이 걷히면 태양이 드러나듯, 지혜는 당신을 뒤덮고 있는 허위의 장막, 즉 거짓된 자아를 걷어낼 때 비로소 나타난다. 지혜는 시끄러운 곳에서 자라지 않는다. 그것은 고요한 침묵 속에서, 스스로를 비워낼 때 싹트는 것이다.

지혜는 말로 표현되는 것도, 행동으로 드러나는 것도 아니다. 그럼에도 많은 사람들은 지혜로운 사람이 되기 위해 끊임없이 무언가를 배우고, 따르고, 흉내 낸다. 그러나 니체는 단호히 말한다. "그것은 완전히 잘못된 길이다." 지혜는 마술이 아니다. 눈속임이 아니다. 없는 것을 있는 것처럼 꾸미는 것, 그것은 지혜가 아니라 교만이다. 진정한 지혜란 세상과 우주 전체와의 조화를 깨닫는 것이다. 그것은 당신이 스스로 조작해 만든 세상을 버릴 때, 비로소 열리는 문이다. 지혜를 찾지 마라. 그대가 지혜를 버릴 때, 지혜가 그대를 찾아올 것이다.

차라투스트라는 이렇게 말했다.

3부 나를 찾아서
4편 청춘의 회상

"아, 그대 내 젊은 시절의 환영과 형상들이여! 아, 그대 사랑의 모든 눈길들이여! 그대 거룩한 순간들이여! 어찌하여 그대들은 그토록 일찍 죽었는가?" 니체는 젊은 날을 회상하며 마치 시처럼 노래한다. 그의 언어는 철학의 언어이면서도 동시에 애도의 언어다. 그에게 청춘은 단순한 시절이 아니라, 잃어버린 신(神)과 같은 것이었다.

니체는 "나는 오늘 죽은 친구들을 생각하듯 그대들을 회상한다"라고 쓴다. 그의 청춘은 이미 떠나간 친구, 사라진 시간, 그리고 불러도 대답 없는 그리움의 이름이었다. "지금은 가고 없는 나의 가장 사랑스러운 벗들이여. 그대들로부터 감미로운 향기가 마음을 녹이고 눈물을 자아내는구나." 이 문장 속에는 단순한 추억이 아니라, 삶과 죽음, 풍요와 상실의 이중성이 공존한다. 그는 고독 속에서도 자신을 "가장 풍요로운 자, 가장 선망받는 자"라고 말한다. 왜냐하면 그는 이미 잃어버린 모든 것들을 자기 안의 토양으로 받아들였기 때문이다. 그는 말한다. "나는 아직도 그대들의 사랑의 상속자이며, 그대들을 추억하기 위한 야생의 덕이 꽃피어 있는 그대들의 토양이다."

청춘은 죽었지만, 그 무덤 위에 오늘의 내가 자라고 있다. 이것이 니체의 역설적인 생명 철학이다. 니체는 청춘의 죽음을 '무덤의 노래'라 부른다. 왜냐하면 그에게 죽음은 끝이 아니라, 부활의 서곡이기 때문이다. 그는 말했다. "무덤이 있는 곳에서만 부활이 있다." 젊은 시절의 열정과 방황, 사랑과 고통은 모두 지금의 나를 만들어낸 거룩한 죽음이었다. 청춘은 사라진 것이 아니라, 현재의 나 속에 부활한 시간이다.

누구에게나 젊은 날의 초상은 있다. 그러나 그 초상을 무덤 속에 잘 간직한 사람만이 그 무덤 위에서 다시 꽃을 피울 수 있다. 니체에게 청춘은 결코 잊힌 시간이 아니라, 새로운 나로 부활하기 위한 불씨였다.

"젊은 시절의 무덤 위에 당신이 서 있다.
젊은 날의 무덤 위에서 꽃핀 오늘이여,
건투를 빈다."

차라투스트라는 이렇게 노래했다.

3부 나를 찾아서
5편 자기극복이란

니체는 자기 극복에 대하여 이렇게 말했다. 그가 말한 '자기 극복'은 단순히 인내하거나 버티는 것을 뜻하지 않는다. 그것은 존버(頓忍) - '졸라 버틴다'는 말로 표현되는 단순한 끈기나 근성을 의미하지 않는다. 니체가 말한 '자기 극복'은 외부의 고통이나 시련을 견디는 능력이 아니라, 잘못 인식된 자아(假我), 즉 스스로 만들어 놓은 거짓된 나를 넘어서는 것이다.

사람은 누구나 자신이 만든 성(城) 안에서 산다. 그 성은 사회가, 도덕이, 신이, 그리고 스스로의 두려움이 쌓아 올린 벽이다. 니체는 말한다. "그대가 극복해야 할 것은 타인이 아니라, 그대 자신이다." 그의 '자기 극복'은 바로 이 성의 붕괴와 재탄생을 뜻한다. 그대가 만든 허상의 자아, 그대가 믿어온 가치, 그대가 의지하던 도덕을 모두 허물어야 한다. 그 폐허 위에서만 새로운 인간 - 위버멘쉬(Übermensch)가 태어난다.

사람들은 종종 군중 속에 섞여 살며 '인간'이라는 숲 속에서 자신이 어떤 나무인지조차 모른다. 소나무인지, 단풍나무인지, 잡초인지 구분하지 못한 채 그저 "나는 숲의 일부다"라고 스스로를 위로한다. 니체는 그런 인간을 향해 말했다. "그대는 극복되어야 할 존재이다."

진정한 자기 파괴란, 스스로 만든 스펙트럼을 깨뜨리는 일이다. 사람들은 자신이 이룰 수 있는 한계, 성격, 환경, 그리고 사회적 위치를 미리 규정해 두고 산다. 그 한계를 벗어나려는 시도는 '모험'이라 불리고, 대부분은 그 모험을 두려워한다. 그러나 니체는 묻는다. "그대의 가치 기준이, 그대의 성장을 방해하고 있지 않은가?"

창조란, 없는 것을 만드는 것이 아니라 이미 만들어진 것을 파괴한 자리에 새로 짓는 일이다. 인생은 신축이 아니라 재건축이다. 새로운 집을 짓기 위해선 먼저 낡은 건물을 허물어야 한다. 그대의 내면에 쌓인 낡은 도덕과 신념, '이래야 한다'는 타인의 기준, 그리고 스스로 만든 한계의 벽을 무너뜨려라. 그대 자신을 철거하지 않고서는 그대 자신을 새로 지을 수 없다.

니체는 이렇게 말한다. "그대가 극복하지 못한 그대 자신이, 결국 그대를 무너뜨릴 것이다." 그러니 오늘, 하나씩 허물어라. 스스로를 옭아매는 모든 도덕과 관념, 그리고 타인이 입혀준 옷들을. 그대가 스스로를 부술 때, 비로소 새로운 그대가 태어난다. 그것이 진정한 의미의 자기 극복이다.

차라투스트라는 이렇게 말했다.

3부 나를 찾아서
6편 힘에의 의지(Will zur Macht)

니체의 사상 가운데 가장 자주 오해된 개념이 바로 '힘에의 의지(Will to Power)'이다. 이 표현은 한때 '권력에의 의지'로 번역되었으나, 나치 독일이 이 말을 자의적으로 이용하여 지배와 폭력을 정당화한 탓에 그 의미가 왜곡되었다. 오늘날에는 보다 정확히 '힘에의 의지', 혹은 '삶의 근원적 에너지'로 이해된다.

니체가 말한 '힘'이란 단순한 권력(power)이 아니다. 그것은 한자의 '力', 영어로는 energy에 가까운 개념이다. 세상 모든 존재와 현상은 이 힘 - 에너지 - 위에서 자라고, 변화하고, 창조된다. 사상도, 철학도, 종교도, 사랑도, 행복도, 모두 이 생명적 힘의 흐름 안에서 피어나고 사라진다. 그러나 인간은 이 '힘'을 '권력'으로 오해해왔다. 힘을 지배의 수단으로 전락시킨 것이다. 그래서 권력은 종종 부패하고, 권력을 쥔 자는 타인을 억압하며, 권력을 빼앗긴 자는 복수를 꿈꾼다.

현대 사회에서 권력은 여러 형태로 존재하지만, 그중에서도 가장 강력한 권력은 '화폐의 권력'이다. 정치적 권력 위에 군림하는, 모든 가치의 척도를 돈으로 환산해버리는 힘. 정치와 자본은 서로에게 기생하며 악어와 악어새처럼 공생한다. 니체는 이런 현실을 꿰뚫었다. 그는 말했다. "모든 권력은 명령하기를 좋아하고, 지배하기를 즐긴다." 그러나 그는 동시에 이 권력으로부터 벗어나야 한다고 역설했다.

진정한 힘은 지배하는 힘이 아니라, 창조하는 힘이다. 타인을 누르기 위한 힘이 아니라, 스스로를 넘어서는 에너지 - 자기 극복의 의지다. '힘에의 의지'란, 타인을 복종시키려는 욕망이 아니라 자신을 새롭게 창조하려는 생명의 충동이다. 그것은 살아 있는 모든 존재가 자기 자신을 확장하고, 더 높은 형태로 진화하려는 근원적 에너지다. 따라서 니체에게서 '힘'은 폭력의 정당화가 아니라 존재의 찬가이며, 지배의 수단이 아니라 삶의 노래다.

진정한 자유란, 권력의 노예가 되지 않는 것이다. 그대가 화폐와 명예, 도덕과 종교가 주는 힘으로부터 스스로의 영혼을 해방시킬 때, 비로소 '힘에의 의지'는 창조로 이어진다.

차라투스트라는 이렇게 말했다.

"그대의 힘을 타인을 지배하는 데 쓰지 말고,
스스로를 창조하는 데 써라."

3부 나를 찾아서
7편 심연이란 바다

니체는 화려한 스포트라이트를 받으며 살아가는 연예인들, 언변과 변신술로 대중의 영혼을 현혹하는 정치인들, 예배당에서 하느님의 말씀을 전하는 목사들, 절간에서 도(道)를 말하는 스님들 - 이들 모두는 대중에게 '고매함(高邁)'의 상징처럼 비친다고 말한다. 그러나 니체는 이 고매함의 가면을 날카롭게 벗겨낸다. 그들이 입고 있는 것은 지혜의 옷이 아니라 갑옷이다. 그들이 쥐고 있는 것은 진리의 칼이 아니라 자기 과시의 칼이다. 그들은 스스로 고매하다고 믿으며, 그 믿음의 감옥 안에 갇혀 산다.

니체는 말했다. "고매한 인간들은 사냥으로 포획한 추한 진리들을 주렁주렁 매달고 다닌다." 그의 말 속에는 비수가 숨어 있다. 고매함은 종종 교만으로 변하고, 그 교만은 타인을 억누르며 자신을 신격화한다. 그들의 말 속에는 가시는 많지만, 그 가시 사이에 장미는 보이지 않는다.

우리의 일상도 다르지 않다. 우리는 매일 '고매함의 갑옷'을 입은 사람들을 만난다. 그리고 그들을 부러워하며, 그들과 같은 갑옷을 입고 싶어 한다. 그러나 니체는 이렇게 말한다. "고매한 자가 자신의 고매함에 신물이 날 때, 비로소 아름다움이 자란다."

진정한 고매함은 타인에게 보이기 위한 장식이 아니라, 자신의 감정을 다스릴 줄 아는 능력이다. 분노, 시기, 질투, 슬픔, 욕망 - 이 모든 감정은 인간의 바다에서 일어나는 파도다. 고매한 사람은 파도를 없애는 사람이 아니라, 그 파도를 자유자재로 항해할 줄 아는 선장이다. 진정한 지혜와 철학, 그리고 모든 종교적 수행의 목표는 결국 하나다. 내 안에서 일어나는 감정의 물결을 다스리는 법을 배우는 것이다.

거짓된 고매함은 당신을 자유롭게 하지 못한다. 그것은 향기가 아니라 쇠냄새가 나는 갑옷일 뿐이다. 진정한 고매함은 심연 같은 감정의 바다를 두려워하지 않고 그 속에서 자유롭게 노를 젓는 용기에서 비롯된다. 그대가 그 바다의 풍랑을 다룰 수 있을 때, 비로소 향기로운 장미로 피어날 것이다.

차라투스트라는 이렇게 말했다.

3부 나를 찾아서
8편 고매함에 대하여

니체가 말한 '고매함(高邁)'이란, 자신의 학식이나 지식을 뽐내며 그 우월함을 밖으로 드러내는 거짓된 자아를 뜻하지 않는다. 그가 말한 진정한 고매함은 우아함이자 겸손함이다. 진정으로 고매한 사람은 결코 무겁지 않다. 그는 깃털 같고, 바람 같고, 물 같고, 구름 같은 존재다.

니체는 "아름다움이란 가장 어려운 것이다"라고 했다. 그가 말한 아름다움이란 꾸며진 미가 아니라, 삶의 단순함과 순수함 속에서 피어나는 자연의 미(美)다. 그는 말했다. "황소가 되어 쟁기를 끄는 그 모습에서 나는 고매함을 본다." 이 말은 인간의 진정한 고매함이 화려한 말이나 장식에서 비롯되는 것이 아니라, 묵묵히 자기 일을 해내는 힘 있는 평온함에 있음을 뜻한다.

니체는 고매함을 설명하며 '에테르(Æther)'를 언급한다. 에테르는 그리스·로마 신화에서 신들의 신이 머무는 곳, 하늘 위의 하늘, 신들이 숨 쉬는 공기이자 창공의 빛이다. 그가 에테르를 등장시킨 이유는 명확하다. 진정한 고매함은 특별한 공간이나 사람 속에 있는 것이 아니다. 그것은 신이 머무는 고귀한 영역이 아니라, 삶 그 자체 속에 스며 있는 투명한 공기다.

사람들은 종종 고매함을 치장된 화려함으로 착각한다. 부드러운 언어, 지적인 표현, 겉으로 드러나는 품위. 그러나 니체가 본 고매함은 그런 인위적인 조형물이 아니다. 그것은 대지의 숨결 속에서 피어나는 향기, 어머니가 자식을 품에 안고 젖을 물리는 그 마음과도 같다. 그것은 대지를 의지해 자라나는 초목의 생명력, 햇살에 반짝이는 들풀의 겸허한 생명감이다.

진정한 고매함은 화려하지 않고, 무겁지도 않으며, 조용히 일상 속에 스며 있다. 고매한 사람이 되고 싶은가? 그렇다면 향기 나는 사람이 되어라. 그러나 명심하라 - 진정한 향기를 가진 이는 자신의 향기를 맡지 못한다. 그의 존재는 스스로 드러내지 않아도, 그 곁을 스치는 이들이 저절로 느낀다. 그것은 마치 숲속에서 우연히 만나는 신선한 바람 한 조각, 그 자연스러움 속에 깃든 향기와도 같다.

차라투스트라는 이렇게 말했다.

3부 나를 찾아서
9편 교양이란

니체가 말한 '교양(Kultur)'은 오늘날 우리가 사용하는 의미와는 다르다. 그가 비판한 교양은 지식이나 예절, 세련됨의 문제가 아니다. 그것은 거짓된 체면과 허위의식으로 포장된 인간의 가면이었다. 한국적 표현으로 바꾸면, 니체가 말한 교양은 '체면'이라는 단어로 더 가깝게 다가온다.

니체는 이렇게 묻는다. "누가 그대들을 바라보겠는가?" 그의 이 물음은, 타인의 시선을 의식하며 살아가는 인간을 향한 통렬한 비판이다. 니체에게 '교양'은 타인을 의식하며 만들어진 연극이며, 그 연극의 배우는 언제나 자신을 잃어버린 사람이다. 니체가 지적한 교양은 사회적 도덕이나 윤리와는 구별된다. 도덕과 윤리는 사회의 조화를 위해 필요하지만, '교양'은 스스로 만든 가면이다. 그는 말했다. "교양이란 스스로 뒤집어쓴 가면이다."

오늘날 우리는 교양 있는 사람과 도덕적인 사람을 혼동한다. 도덕은 내면의 울림에서 비롯되지만, 교양은 외부의 시선에서 비롯된다. 도덕은 스스로를 바라보는 힘이고, 교양은 타인의 눈을 의식하는 습관이다. 현대인은 겉모습으로 교양을 판단한다. 자동차, 집, 옷, 학력, 재력, 말투 - 이 모든 것들이 '교양의 척도'가 되어 버렸다. 그러나 니체는 단호히 말한다. "모든 선물은 포장이 아니라 내용물이 중요하다." 화려한 포장지가 아무리 빛나도 그 안에 담긴 것이 부실하다면 아무 의미가 없다. 진정한 교양이란 내면의 충실함, 곧 스스로를 단단히 세운 인간의 깊이에서 비롯된다.

오늘날의 인간은 '보여지는 교양'에 정성을 다한다. 그러나 니체는 '존재하는 교양', 즉 내면의 성숙함을 요구한다. 그는 이렇게 말한다. "금은보화는 천한 천으로 싸두어도 여전히 보화이지만, 진흙은 아무리 화려한 보자기로 감싸도 진흙일 뿐이다." 그렇다. 진정한 교양은 겉모습이 아니라 자신의 내면을 바라보는 깊이에서 피어난다. 화려한 포장을 벗어던지고, 당신 안의 진실한 내용을 가꿔라. 교양이란 보여지는 것이 아니라, 삶을 향기롭게 만드는 내면의 힘이다.

차라투스트라는 이렇게 말했다.

"포장을 벗겨라. 그대의 내용이 진짜라면,
세상은 그 향기를 스스로 알아볼 것이다."

3부 나를 찾아서
10편 학자들이여!

니체는 학자들에 대해 냉정하게 말했다. 그들은 관조하는 자가 되려 하고, 계단에 앉아 세상을 피하려는 자들이라고. 그가 비판한 것은 단순히 학문을 연구하는 이들이 아니라, 세상을 '관찰'만 하며 결코 삶의 한가운데로 뛰어들지 않는 태도였다.

오늘날 사회의 여러 문제에 대해 교수나 연구자들이 기자회견, 시국 선언, 강연회를 통해 자신의 '옳음'을 증명하려는 모습을 우리는 자주 본다. 그들은 종종 정의의 목소리를 대변하는 듯 보인다. 그러나 니체는 묻는다. "그대들이여, 정말로 세상을 변화시키고 있는가? 아니면 세상을 바라보는 관객으로 남아 있는가?"

니체는 학자들에 대한 환상을 버리라고 했다. 진정한 학자는 남의 말을 인용하는 사람이 아니다. 책 속의 문장을 짜깁기하여 자신이 깨달은 듯 포장하는 자도 아니다. 그는 말한다. "진정한 학자는 지금껏 존재하지 않았던 언어로, 아무도 가보지 않은 길을 걸어가는 자이다." 하지만 현대의 다수 학자들은 이미 지나간 시대의 지식을 되풀이하며, 도서관 속 문장들을 조합해 새로운 듯 내놓는다. 그들의 논문은 새로움이 아닌 반복이며, 그들의 담론은 통찰이 아닌 모사(模寫)다. 니체는 이런 학자들을 향해 비웃는다. 그들의 말은 신선하지 않다. 그것은 단지 잘 만들어진 짝퉁 명품일 뿐이다.

그렇다면 진정한 학자는 무엇을 해야 하는가? 니체는 답한다. "AI가 할 수 없는 말을 하라." 지금 시대의 인공지능은 지식을 결합하고 논리를 전개하며, 인간보다 더 빠르게 답을 제시할 수 있다. 그러나 AI는 결코 삶의 고통을 통찰할 수 없다. 그것은 눈물과 열정, 그리고 고독의 깊이를 이해하지 못한다. 따라서 진정한 학자는 AI가 제시하지 못하는 새로운 길, 즉 존재의 의미를 다시 묻는 길을 제시해야 한다.

학자의 길은 험난하고 외롭다. 그 길은 책장 속에서 찾을 수 있는 길이 아니라, 삶의 모순과 고통 속에서 피 흘리며 찾아야 하는 길이다. 진정한 학자는 문장으로 숨는 자가 아니라, 삶으로 드러나는 자다. 그대들이여, 학자의 가면 뒤에 숨은 얼굴을 보라. 그들의 언어의 유희, 그 속의 속임수를 꿰뚫어 보라. 그 말 속에 새로움이 없다면, 그는 이미 죽은 언어를 반복하고 있을 뿐이다.

차라투스트라는 이렇게 말했다.

"배운 자여, 인용하지 말고 창조하라.
이미 아는 길을 설명하지 말고,
아무도 모르는 길 위에 너의 발자국을 남겨라."

3부 나를 찾아서
11편 시인에 대한 생각

니체가 말한 '시인'은 단순히 아름다운 언어를 다루는 사람이 아니다. 그가 비판한 시인은, 어떤 면에서는 유일신을 노래하는 종교 지도자나, 신의 환상을 문학 속에 숨겨 찬양하던 중세의 시인들을 가리킨다. 니체는 그들의 언어 속에 여전히 '신에 대한 맹목적 찬양과 복종'이 남아 있다고 보았다. 그에게 그런 시는 자유로운 창조의 언어가 아니라, 신의 이름으로 포장된 모방과 속박의 노래였다.

그는 오래된 시들 속에서 동양의 시와 서양의 시가 전혀 다른 언어적 결을 지니고 있음을 통찰했다. 동양의 시는 자연을 노래한다. 자연을 바라보는 인간의 감성이 중심에 있다. 그래서 동양의 시는 인간이 주체이고, 인간의 눈으로 본 세상의 움직임을 담는다. 반면 서양의 시는 신을 노래한다. 인간이 신을 바라보고, 신의 뜻을 해석하며, 그 속에서 인간의 위치를 찾는다. 그래서 서양의 시에서의 주인공은 인간이 아니라 신 그 자체다.

이 차이는 언어의 뿌리에서 비롯된다. 동양의 시는 자연산(自然産)이라면, 서양의 시는 양식(養殖)이다. 하나는 스스로 자라난 생명이고, 다른 하나는 인위적으로 길러진 신의 모형이다. 니체는 말했다. "나는 그들의 바다에 그물을 던졌다. 그러나 올라온 것은 고기가 아니라, 낡은 신의 머리였다." 그의 이 표현은 시인들에 대한 통렬한 풍자다. 시인들은 자유를 노래한다고 말하지만, 그들의 언어는 여전히 신의 그림자에 묶여 있다는 뜻이다.

그리고 니체는 덧붙인다. "마침내 나는 시인들이 변하는 것을 보았다. 그들은 신을 향하던 시선을 자신에게로 돌렸다." 이것이 바로 니체가 말한 새로운 시인의 탄생이다. 그의 시선은 더 이상 신을 향하지 않는다. 그의 언어는 더 이상 하늘로부터 오는 계시가 아니다. 그의 시는 인간 자신, 내면의 심연을 향한다. 진정한 시란 밖으로 향한 시선이 아니라, 내면으로 향하는 에너지의 회귀다. 밖의 신을 찬양하던 시가 아니라, 자기 내면의 우주를 노래하는 시, 그것이 니체가 말한 '자연산의 시'다.

차라투스트라는 이렇게 말했다.

"그대들이여, 신을 찬양하는 노래를 버리고
그대 자신의 심연을 노래하라.
진정한 시는 하늘에서 오는 것이 아니라,
그대 내면의 불길에서 솟아오른다."

3부 나를 찾아서
12편 선동가와 혁명가

니체가 언급한 '불개(불붙은 개)'는 바로 혁명가이자 선동가를 가리킨다. 그는 이 글에서 그러한 이들을 향해 냉철하고도 정확한 비판의 화살을 던진다. 오늘의 사회 역시 수많은 혁명가와 선동가가 공존한다. 그들은 언제나 '변혁'과 '정의'를 외친다. 그리고 때로는 세상을 바꾸는 개혁 세력의 주체로 비치기도 한다. 그러나 니체의 시선은 다르다. 그는 말한다. "대부분의 혁명가와 선동가는 세상을 개혁하는 것이 아니라, 파괴한다." 그들은 기존의 제도와 질서를 뒤엎으며 자신들의 행동을 '민중을 위한 혁명'이라 포장한다. 하지만 니체는 그 어떤 혁명가도 진정으로 국민을 위해 희생한 적이 없다고 단언한다. 그들의 입에서 '사랑'과 '희생'이란 단어가 나올지라도 그 속에는 권력욕과 분노의 불씨가 숨어 있다.

그들의 말은 언제나 자극적이다. 선동적인 언어, 광란의 몸짓, 불타는 눈빛 - 이것들이 대중의 불만을 자극하고 열광을 이끌어낸다. 그러나 그 열광은 금세 잿빛의 환멸로 바뀐다. 그들이 얻은 인기는 곧 힘으로 변하고, 그 힘은 결국 자기 자신을 위한 지배의 도구가 된다. 니체의 비판은 지금도 유효하다. 우리 사회에도 이념과 진영을 가리지 않고 수많은 선동 집단이 존재한다. 좌파든 우파든, 종교든 단체든 - 그들이 과연 국민의 삶의 질과 행복을 향상시키는 데 진정한 관심이 있는가? 니체는 묻는다.

그는 이렇게 말한다. "새로운 소음을 창안한 자들의 둘레가 아니라, 새로운 가치를 창안한 자들의 둘레를 세계는 돈다. 세계는 소리 없이 돈다." 얼마나 뼈아픈 말인가. 세상을 움직이는 힘은 결코 소란스러운 구호나 혁명의 함성이 아니다. 진정한 변혁은 조용히, 깊은 곳에서 일어난다.

주위를 둘러보라. 새로운 가치를 창조하는 사람들은 대부분 조용하다. 그들은 요란하게 외치지 않는다. 그들의 언어는 소리가 아니라 행동과 실천이다. 세상의 진정한 빛과 소금 - 기업가, 발명가, 사회 봉사자, 기부자, 환경 운동가, 인권 변호사 - 이들은 세상을 떠들썩하게 만들지 않지만, 그들의 손끝에서 세상은 조금씩 나아지고 있다. 소음이 있는 곳에는 항상 혼란이 있고, 소리가 없는 곳에만 새로운 문이 열린다. 그 문을 통과하면, 사랑과 창조의 세계가 펼쳐진다.

차라투스트라는 이렇게 외쳤다.

"그대들이여, 소란의 중심에 서지 말라.
새로운 세상은 침묵 속에서 태어난다.
선동가의 달콤한 말에 속지 말고,
조용히 세상을 밝히는 불꽃이 되어라."

3부 나를 찾아서
13편 소리 없는 소리

니체는 길고 깊은 문장들로 세상을 꿰뚫는 통찰을 남겼다. 하지만 필자는 그중 몇 문장을 발췌해 짧은 주석을 달고자 한다. 니체는 말했다.

"한 가지 가르침이 선포되고,
그 가르침이 신앙이 되고,
시간이 흐른 뒤 남는 것은 이것이다.
모든 것은 공허하다.
모든 것은 동일하다.
모든 것은 이미 있었던 것이다."

이 말의 뜻은 무엇인가? 우리는 끊임없이 새로운 것을 찾는다. 새로운 종교, 새로운 사상, 새로운 철학, 새로운 제도, 새로운 교육, 새로운 여행지, 새로운 맛집, 새로운 연애 방식까지 - 인간은 늘 '새로움'이라는 이름의 환상을 좇는다. 그러나 그 모든 새로움은 시간이 지나면 낡는다. 그리고 결국, 모든 것은 공허함으로 되돌아간다. 유행처럼 등장한 새로운 사상과 철학, 세상을 바꿀 것처럼 떠들던 혁명적 담론들 - 시간이 지나면 모두 같은 자리에 놓인다. "새로운 것은 오래된 것의 또 다른 이름일 뿐이다."

니체의 통찰은 우리의 일상에도 그대로 닿아 있다. 한때 "인생 맛집"이라며 방송에 등장하던 식당들이 체인점 확장과 돈벌이에 눈이 멀어 결국 몰락하고, 그 사이 변함없이 자리를 지키는 동네 돼지국밥집이 여전히 사람들의 마음을 채운다. 새로움은 잠시의 흥분을 주지만, 그 흥분이 사라지면 허무가 찾아온다. 새로운 철학, 새로운 종교, 새로운 정치적 구호 - 그 어떤 것도 인간의 근본적 허무를 구원하지 못한다. 왜냐하면 그 모든 것 속에 '본질'이 빠져 있기 때문이다.

니체는 단언한다. "참으로 우리는 죽기에도 너무 지쳤다. 그리하여 우리는 깨어 있는 채로 살아간다. 무덤 속에서!" 그는 인간의 삶을 "무덤 속에서의 각성 상태"로 표현했다. 끊임없이 새로운 것을 추구하면서도, 그 새로움의 끝에는 언제나 허무가 기다리고 있기 때문이다. 새로운 것이란 언제나 새로운 허무로 교체되는 것이다. 그 속에서 인간은 잠시 열광하지만, 곧 지치고, 다시 다른 새로움을 찾아 나선다. 그 반복이 바로 현대인의 무덤이다.

허무주의로부터 벗어나는 길은 단 하나 - 내면을 담백하게 하는 것이다. 모든 열광이 일어날 때 스스로를 차갑게 하고, 모든 대중이 식어갈 때 고요함을 유지하며, 모든 세상이 고요할 때 침묵 속의 소리를 듣는 것. 그때 들리는 것이 바로 '소리 없는 소리', 니체가 말한 진정한 생명의 울림이다.

차라투스트라는 이렇게 말했다.

"그대들이여,

모든 새로움이 사라진 뒤에도 남는 소리를 들어라.
그것은 세상의 소음이 아니라
그대 내면의 고요가 내는 진짜 울림이다."

차라투스트라는 이렇게 외쳤다.

"그대들이여, 소란의 중심에 서지 말라.
새로운 세상은 침묵 속에서 태어난다.
선동가의 달콤한 말에 속지 말고,
조용히 세상을 밝히는 불꽃이 되어라."

3부 나를 찾아서
14편 진정한 불구자

니체가 말하고자 하는 핵심은 단순하다. "진정한 불구란 무엇인가?" 그 본질을 정확히 꿰뚫어 본 사람만이 비로소 불구로서의 삶에서 벗어날 수 있다는 것이다. 사람들은 흔히 신체적 불구를 가장 큰 결핍이라 여긴다. 만약 누군가가 그 결핍을 고쳐줄 수만 있다면 세상의 모든 것을 바칠 의향이 있다고 말한다. 그러나 니체는 단호히 말한다. "진정한 불구는 육체에 있는 것이 아니라 정신에 있다." 정상적인 신체를 가지고 있으면서도 스스로의 삶을 타인의 힘에 의존해 움직이는 자, 그는 신체적 불구보다 훨씬 더 깊은 정신적 불구의 상태에 놓여 있다.

외부의 도움으로 현재의 자리에서 다른 지점으로 건너가기를 바라는 사람, 그는 이미 자기 삶의 주인이 아니다. 니체는 말한다. "스스로 건너지 못하는 자는 이미 불구다." 당신이 새로운 지점, 새로운 세계로 건너가고 싶다면 그 여정을 대신 걸어줄 사람은 아무도 없다. 스스로 건너야 한다. 타인의 손을 붙잡고는 결코 넘어설 수 없는 고통의 강을 마주해야 한다. 어떤 변화도, 어떤 상승도 공짜로 일어나지 않는다. 물조차 끓지 않으면 수증기로 오를 수 없다. 열의 고통을 견디고 나서야만 물은 비로소 하늘로 올라간다. 인생 또한 같다. 고통의 불을 통과하지 않고는 지점과 지점 사이의 바다를 건널 수 없다.

니체는 말한다. "당신의 삶을 한 단계 끌어올리고 싶은가? 그렇다면 먼저 불구적 의식을 개혁하라." 신체가 멀쩡하다는 이유로 방만한 하루를 살아가고 있다면, 그대는 이미 정신의 불구자다. 삶의 진보는 편안함에서 나오지 않는다. 항상 낭떠러지 끝에 선 마음으로 자신을 세워야 한다. 모든 위대한 도약은 두려움과 고통의 경계에서 이루어진다. 그 벼랑 끝에서 비로소 인간은 다음 단계로 건너갈 힘을 얻는다.

차라투스트라는 이렇게 말했다.

"그대들이여, 낭떠러지를 두려워하지 말라.
그것이야말로 건너감의 문이다.
스스로의 다리로 그 강을 건너는 자만이
진정한 자유의 인간이 된다."

3부 나를 찾아서
15편 의욕하는 인간이 되어라

니체는 '의지(Wille)'와 '의욕(Willensdrang)'을 분명히 구분한다. 그가 말하는 힘에의 의지(Wille zur Macht)는 단순히 권력욕이 아니라, 삶을 지탱하고 확장시키는 근본적인 에너지이자 생명력이다. 그 에너지는 외부 세계와의 끊임없는 소통 속에서 스스로를 초월하고, 지배하고, 창조하려는 욕구로 나타난다.

의지가 생각의 영역이라면, 의욕은 활동의 영역이다. 생각만으로 세상을 바꿀 수 있는 것은 아무것도 없다. 의지가 밖으로 흘러나와 행동으로 전환될 때, 비로소 변화가 시작된다. 니체가 "의욕할 수 있는 자가 되어라"라고 한 이유가 여기에 있다. 의욕이란 단순한 결심이 아니라, 삶의 에너지 그 자체이기 때문이다.

우리가 흔히 말하는 "삶의 의욕이 없다", "삶의 의지가 없다"는 말을 혼용하지만, 사실 둘은 전혀 다르다. 의지는 머릿속의 생각이고, 의욕은 행동으로 옮겨진 의지의 불꽃이다. 따라서 의지는 준비된 상태, 의욕은 움직이는 상태라고 할 수 있다. 무기력한 사람은 그 어떤 의욕도 생겨나지 않는다. 그 이유는 단순히 게으르기 때문이 아니라, 이미 에너지가 방전된 상태이기 때문이다. 더 나아가 충전하고자 하는 욕망조차 사라진 상태 - 그것이 진정한 무기력이다.

그렇다면 어떻게 다시 의욕을 일으킬 수 있을까?

그 시작은 삶의 목적을 다시 찾는 일이다.

"나는 왜 살아 있는가?"
"무엇을 위해 살아야 하는가?"

이 두 가지 질문이 명확히 자리 잡을 때 비로소 의지의 불씨가 피어오르고, 그 불씨가 행동으로 옮겨지며 의욕의 불길이 된다.

인간의 내면에는 항상 긍정적 의지와 부정적 의지가 대립한다. 어느 쪽의 에너지를 선택하느냐에 따라 삶의 좌표는 전혀 달라진다. 니체는 말한다. "의욕하는 바를 언제나 행하라. 그러나 그보다 먼저, 의욕하는 자가 되어라." 의욕하는 자란, '힘에의 의지' 중에서도 긍정적 에너지를 사용하는 사람이다. 그는 두려움보다 창조를 선택하고, 절망보다 가능성을 본다.

의욕하는 자가 되기 위해서는 꿈꾸는 삶을 포기하지 말아야 한다. 그리고 그 꿈을 실현하기 위해 배움을 멈추지 말아야 한다. 배움은 의욕의 불씨를 끊임없이 되살리는 연료다. 그때서야 비로소 인간은 자신의 한계를 넘어서는 존재, 즉 위버멘쉬(Übermensch) - 초인으로 다시 태어날 수 있다.

차라투스트라는 이렇게 말했다.

"그대들이여,
꿈꾸는 일을 멈추지 말라.
의욕하는 자로 살아라.
생각하는 데 그치지 말고,
행동함으로써 스스로의 태양이 되어라."

3부 나를 찾아서
16편 현명한 대인관계

니체는 인간관계에 대하여 언제나 간결하면서도 통렬하게 말한다. 그는 이렇게 말한다. "인간들 사이에서 애태우며 시달리고 싶지 않은 자는, 어떤 잔으로든 마실 줄 알아야 한다." 이 한 문장 속에 대인 관계의 본질이 모두 담겨 있다.

사람마다 "좋은 인간관계"에 대한 기준이 다르다. 누군가는 넓은 인맥을, 또 누군가는 깊은 신뢰를 중요하게 여긴다. 그러나 니체의 시각에서 보면, 인간관계의 핵심은 양이 아니라 질이다. 많은 사람들과 관계를 맺는다고 해서 그 관계가 당신의 삶을 풍요롭게 만들지는 않는다. 진정한 인간관계의 고수는 많은 사람을 곁에 두는 사람이 아니라, 비록 적은 사람이라도 서로에게 상승 작용을 일으키는 관계를 맺는 사람이다. 그는 주고받음의 균형을 알고, 그 관계 안에서 서로의 성장을 돕는다.

니체는 말한다. "인간들 사이에서 정결하게 남고 싶은 자는, 더러운 물로도 씻을 줄 알아야 한다." 이 말의 의미는 명확하다. 깨끗한 관계, 도덕적인 관계만이 좋은 관계는 아니다. 세상에는 오직 깨끗한 물만 존재하지 않는다. 모든 인간은 자신만의 도덕 기준과 욕망, 그리고 상처를 안고 살아간다. 따라서 타인을 완전히 '깨끗한 사람' 혹은 '더러운 사람'으로 구분하려는 시도 자체가 어리석은 일이다. 니체가 말한 '더러운 물로도 씻을 줄 아는 법'은 곧 관용과 유연성을 의미한다. 자신의 기준을 절대화하지 않고, 타인의 방식과 한계를 이해할 때 비로소 우리는 관계 속에서 자유로워질 수 있다.

사람들은 누구나 자신만의 도덕적 잣대를 들고 살아간다. 그래서 세상에는 "나쁜 사람"이나 "좋은 사람"이 따로 있는 것이 아니라, 좋은 행동과 나쁜 행동이 있을 뿐이다. 당신이 좋은 사람이라 여기는 이의 모든 행동이 항상 옳을 수 없고, 당신이 미워하는 사람의 모든 행동이 언제나 악할 수도 없다. 따라서 지혜로운 인간관계란, 사람의 성품과 행동을 동일시하지 않는 것이다. 행동은 순간의 선택이지만, 성품은 그 사람이 걸어온 모든 시간의 총합이다. 그 둘을 혼동하지 않을 때, 비로소 우리는 인간을 전체로서 바라볼 수 있다.

차라투스트라는 이렇게 말했다.

"그대들이여,
더러운 물로도 씻을 줄 알아라.
그것이 인간을 이해하는 첫걸음이며,
지혜로운 사랑의 시작이다."

그것을 통찰하면 인간관계의 절반은 이미 꿰뚫은 셈이다.

3부 나를 찾아서
17편 허영심이란 괴물

허영심은 결코 여성의 전유물이 아니다. 남녀를 막론하고, 인간이라면 누구나 이 괴물의 그림자 아래서 살아간다. 허영심이란 자기의 진짜 모습이 아니라, 타인이 보고 싶어 하는 모습을 조작하고 연기하여 보여주려는 마음이다. 허영심은 언제나 많은 비용과 열정, 그리고 시간을 요구한다. 그럼에도 사람들은 그것을 기꺼이 감내한다. 왜냐하면 사람들은 진실한 자신보다 '타인이 바라는 자신'으로 살아가는 것이 더 안전하고, 때로는 더 매력적으로 보인다고 착각하기 때문이다.

니체는 말한다. "누가 허영심 강한 자들의 겸손의 깊이를 잴 수 있겠는가?" 이 말은 허영심이란 단순한 자만(自慢)이 아니라, 겉으로는 겸손을 가장한 가면의 기술이라는 뜻이다. 허영심은 인간 관계의 거의 모든 영역에 침투해 있다. 그것을 이해하지 못하면 사람을 이해할 수 없고, 그것을 통찰하면 인간 관계의 절반은 이미 꿰뚫은 셈이다.

타인에게 어떻게 보일까에 집착하는 사람은 자신의 본질을 잃어버린다. 허영심은 언제나 본질과 동행하지 않는다. 그것은 물과 기름처럼 섞이지 않는다. 허영심이 강할수록 진실은 사라지고, 가면만 남는다. 당신이 허영심의 배우로 살 것인가, 아니면 무대 뒤의 자신으로 살 것인가는 전적으로 당신의 선택이다. 그러나 분명한 것은, 그 가짜 배우의 연극은 당신에게 진정한 행복을 선물하지 않는다.

진정 허영심으로부터 자유로워지고 싶은가? 그렇다면 당신 안의 허영심을 '관객의 눈으로' 바라보라. 당신 안의 허영심이 어떤 모습으로 연기하고 있는지 지켜보라. 그 배우는 생각보다 초라하고, 그의 대사는 공허하며, 그의 무대는 어둡다. 니체는 말한다. "당신의 인생 무대에 엑스트라 배우가 주인공이 되게 하지 말라." 허영심은 당신을 결코 주인공으로 만들지 않는다. 그것은 당신이 아닌 타인의 박수를 위해 존재할 뿐이다.

차라투스트라는 이렇게 말했다.

"그대들이여, 허영심의 가면을 벗어라.
진실한 자만이 자신을 연기하지 않는다.
가면을 벗은 얼굴 위에만
태양의 빛이 머문다."

3부 나를 찾아서
18편 명상의 위험

니체가 이 장에서 말한 '고요한 시간'은 단순한 휴식이 아니라, 깊은 사유(思惟) 혹은 명상(冥想)의 시간을 의미한다. 그러나 니체는 그 고요함 속에 숨어 있는 위험성을 경고한다. 사유와 명상은 인간을 성장시키는 고귀한 도구이지만, 그 방향을 잘못 잡으면 오히려 인간을 허무의 나락으로 끌고 간다.

아무런 준비 없이 맹목적으로 명상과 사유에 빠지면, 삶의 의미를 상실하고 공허한 허무주의에 빠질 가능성이 높다. 불교의 깊은 언어들이 종종 허무주의와 닮아 있는 이유도 여기에 있다. 그 경계는 종이 한 장 차이일 뿐이다. "모든 것이 공(空)하다"는 깨달음이 삶을 자유롭게 하는 대신, 삶의 의미를 앗아가는 방향으로 작동할 수도 있다. 쇼펜하우어의 철학 또한 마찬가지다. 그의 사상을 깊이 이해하지 못한 채 읽는다면, 삶을 통찰하기보다 오히려 무력감과 체념의 늪에 빠지기 쉽다.

니체가 경계한 것은 바로 이 지점이다. 그는 고요의 시간을 통해 허무주의와 맞서 싸워야 한다고 말한다. 그 사유의 시간은 삶을 부정하기 위한 시간이 아니라, 삶의 의미를 새롭게 발견하고 자기 운명을 사랑하기 위한 준비의 시간이어야 한다. 그래서 그는 말한다. "그대들은 막 잠들려는 자에게

들이닥치는 공포를 아는가?" 깊은 사유의 끝에서 맞닥뜨리는 그 공포 - 그 것은 '생각의 종말'이다. 무엇을 위해 생각하는지, 왜 살아야 하는지에 대한 답을 찾지 못한다면, 사유는 스스로를 삼키는 어둠으로 변한다.

니체는 이어서 이렇게 쓴다. "발밑의 땅이 꺼지고, 꿈이 시작되므로 그는 발가락까지 놀란다." 이 문장은 명상의 위태로운 본질을 상징한다. 깊은 사유의 세계로 내려갈수록 우리는 현실의 땅을 잃고, 꿈과 허무 사이를 방황하게 된다. 그러나 니체는 단호히 말한다. 그럼에도 불구하고 사유와 명상은 필요하다. 그것은 인간이 스스로를 보호하기 위한 내면의 안전장치이기 때문이다. 단, 그것이 허무로 흐르지 않도록 항상 삶에 대한 사랑(Amor Fati)으로 방향을 잡아야 한다.

차라투스트라는 이렇게 말했다.

"깊은 고요 속에서도 그대의 발밑에 땅이 있음을 잊지 말라.
고요는 허무의 문이 될 수도,
자유의 문이 될 수도 있다.
어느 쪽을 열지는 오직 그대의 사유가 결정한다."

3부 나를 찾아서
19편 침묵, 세상에서 가장 큰 소리

오래전, 사이먼 앤 가펑클의 노래 중에 〈침묵의 소리(The Sound of Silence)〉라는 곡이 있었다. 아마 내 나이 또래라면 누구나 한 번쯤은 들어봤을 법한 오래된 팝송이다. 학문이 짧았던 젊은 시절, 그 영어 가사를 온전히 이해하지는 못했지만 이상하게도 그 제목 - '침묵의 소리' - 만은 내 마음속에 오랫동안 무겁게 남아 있었다. "침묵의 소리"라니, 도대체 침묵에 무슨 소리가 있을까? 그러나 세월이 흐르고, 나이 들어가며 나는 서서히 깨닫게 되었다. 결국 인간이 낼 수 있는 가장 위대한 소리는 '침묵'이 아닐까? 삶의 풍파 속에서, 말보다 더 강한 말이 있다면 그것은 침묵의 언어다. 그 침묵의 무게가 무엇인지 이해하게 되었을 즈음, 나는 니체의 언어를 만났다.

"힘을 가졌음에도 지배하려 하지 않는 것,
내게는 명령을 내리기 위한 사자의 목소리가 없다."

이 짧은 문장 속에 침묵이 가진 위대한 힘이 담겨 있다. 진정한 힘은 외침이 아니라 억제된 절제 속에서 드러난다. 니체는 이 글에서 고요가 완성된 순간, 그 고요가 세상과 어떻게 소통하며, 그 침묵이 얼마나 위대한지를 이렇게 표현한다.

"가장 조용한 말이 폭풍우를 몰고 오며,
비둘기 걸음으로 오는 사상이 세상을 움직인다."

얼마나 간단명료한 언어로 침묵의 위대함을 노래하고 있는가. 이보다 더 강렬하고, 더 깊은 철학적 문장이 또 있을까. 니체가 말한 침묵은 말하지 않음이 아니다. 그렇다고 소란스러운 달변도 아니다. 그는 침묵 속에서만 들을 수 있는 영혼의 언어를 말하고 있다. 그 언어는 말이나 소음으로 얻을 수 없는 세계 - 존재의 가장 깊은 차원에서 울려 나오는 소리 없는 소리다. 당신은 지금, 그 침묵의 언어를 이해하고 있는가? 그 소리 없는 소리를 들어 본 적이 있는가? 그것은 어쩌면 영혼의 가장 깊은 곳에서 타오르는 한 자루의 횃불일지도 모른다. 그 불빛은 요란하지 않지만, 그 불빛 아래에 서면 우리는 고요 속에서도 따뜻한 행복을 느낀다.

차라투스트라는 이렇게 말했다.

"그대들이여, 침묵의 소리를 들어라.
그것은 말보다 크고,
외침보다 깊으며,
영혼을 고요한 평화로 인도하는 가장 위대한 음악이다."

3부 나를 찾아서
20편 인생은 방랑자

니체가 말한 방랑자란 단순히 길 위를 떠도는 사람이 아니다. 그것은 삶의 의미를 찾아 끊임없이 나아가는 존재, 즉 영혼의 여행자를 뜻한다. 우리는 모두 인생의 나그네다. 이 길이 어디로 향하는지, 언제 끝나는지 알지 못한 채 그저 오늘도 걷고 있을 뿐이다. 누구나 길을 찾는 방랑자이며, 그 이상도 그 이하도 아니다.

니체의 글에서도 이런 방랑의 흔적이 깊게 묻어난다. 그는 섬을 떠나 다른 항구에 정박하고, 젊은 시절부터 수없이 되풀이된 외로움과 방황을 회상하며 말한다. "인간은 결국 자기 자신만을 체험하는 존재다." 얼마나 명징한 통찰인가. 우리가 살아가며 만나는 수많은 사건, 관계, 감정 - 그 모든 체험은 오직 나만의 체험일 뿐이다. 같은 시간, 같은 장소, 같은 일을 겪더라도 그 느낌은 결코 동일하지 않다. 그것이 인간 존재의 고독한 본질이며, 우리가 멈출 수 없는 방랑의 이유이기도 하다.

정상에 올랐다고 생각하는 순간조차 우리는 또 다른 정상, 또 다른 항로를 향해 걷고 있다. 인생의 여정에는 결코 '도착'이란 없다. 우리는 끊임없이 길을 묻고, 길 위에서 길을 잃고, 다시 그 길 위에서 자신을 찾아간다. 하지만 이 방랑의 길 위에서 '놓아버림'을 배울 수 있다면, 그 방황은 더 이상 고통이 아니라 자유의 연습이 된다. 불가(佛家)에서도 구도자가 가져야 할 가장 큰 덕목으로 바로 이 놓아버림(放下)을 가르친다.

당신은 지금, 당신이 알고 있다고 믿는 것들 - 소중하다고 여기는 것들 - 그 모든 것을 놓아버릴 준비가 되어 있는가? 놓아버림은 결코 상실이 아니다. 그것은 자유로 가는 관문이며, 세속의 무게를 벗겨내고 진정한 나를 만나는 순간이다. 마치 고속도로의 톨게이트를 하이패스로 가볍게 통과하듯, 놓아버림은 당신을 막힘 없는 자유의 길로 안내할 것이다.

차라투스트라는 이렇게 말했다.

"그대들이여, 멈추지 말라.
삶은 정착이 아니라 항해다.
붙잡는 순간 길은 사라지고,
놓아버리는 순간 길이 열린다."

3부 나를 찾아서
21편 자신의 한계를 넘어서라

니체가 인생의 방랑 속에서 얻고자 한 궁극의 메시지는 단 하나였다. "그대 자신은 머리를 밟고, 그대 자신의 심장을 넘어가라." 그대가 지금 옳다고 믿고 주장하는 모든 생각들, 그 철학과 신념들은 정말 당신이 스스로 창조한 것인가? 아니면 타인의 언어를 빌려 당신의 말처럼 포장한 것인가? 인간은 흔히 남의 언어를 인용하고, 타인의 사상을 변형시켜 자신의 것으로 착각한다. 그러나 진정한 자기 언어는 그런 모방에서 나오지 않는다. 그것은 마치 기성복과 맞춤복의 차이와 같다. 겉으로 보기엔 비슷하지만, 한 땀 한 땀의 가봉 과정에서 만들어지는 세밀한 차이가 진정한 '나'의 형태를 드러낸다.

자신의 영혼을 한 단계 끌어올린 사람은 안다. 그때부터 내뱉는 언어는 남의 것이 아닌 자신의 언어가 된다는 것을. 그 언어는 힘이 있고, 생명력이 있으며, 그 어떤 모방으로도 흉내 낼 수 없는 고유한 진동을 가진다. 하지만 그 언어를 들을 수 있는 귀가 없다면, 사기꾼의 말과 성자의 말은 구분되지 않는다. 니체가 말한 "위대함으로 통하는 길"은 바로 그 구분의 감각을 잃지 않는 길이다.

"그 길은 위대함으로 통하지만,
그대의 뒤를 따르는 자는 아무도 없어야 한다."

그 길은 고독하다. 그러나 진정한 창조는 언제나 고독 속에서 태어난다. 남이 걸어간 길 위에서는 결코 새로운 언어가 자라지 않는다. 세상에는 무수한 소리들이 있다. 그러나 그중 당신을 구원할 수 있는 소리는 오직 하나, 당신 자신의 소리뿐이다. 그 소리를 찾기 위해서는 자신의 머리를 딛고, 자신의 한계를 뛰어넘어야 한다. 그 길에는 앞서간 자의 발자국이 없다. 따라갈 길이 없기에, 모방할 수도 없다. 그러므로 당신은 오직 스스로의 두뇌를 넘어설 용기로만 그 언어의 문을 열 수 있다.

니체는 이렇게 말했다. "많은 것을 보려면, 자기 자신을 놓아버릴 줄 알아야 한다." 자신의 한계를 넘는다는 것은 결국 기존의 자신을 해체하는 일이다. 지금까지 당신의 생각이라 믿었던 것들 - 그 모든 모방된 언어의 껍질을 벗겨낼 때, 비로소 당신의 진짜 목소리가 깨어난다. 그때 내뱉는 말은 이전의 말과 비슷하게 들릴지라도, 그 울림은 완전히 다르다. 그것은 오직 당신의 심장에서 나온 순수한 언어의 소리다.

차라투스트라는 이렇게 말했다.

"그대 자신을 넘어서는 자만이
진정 자신을 만난다.
머리를 밟고 심장을 넘어설 때,
그대의 영혼은 비로소 말하기 시작한다."

3부 나를 찾아서
22편 심연에 이르는 자

니체는 이렇게 말했다. "가장 높은 산들은 바다에서 온다." 가장 높은 것과 가장 깊은 것은 결국 같은 뿌리를 가진다. 심연의 깊은 곳에서 만들어진 에너지가 세상의 가장 높은 곳으로 치솟는다. 그러므로 바다의 깊이를 경험해 보지 못한 자는 결코 정상에 설 수 없다. 자신의 심연 속으로 내려가 본 적이 없는 사람, 그는 결코 자신의 정상도 알 수 없다. 정상에 오르고자 한다면, 먼저 당신 스스로 한 번도 내려가 본 적이 없는 그 깊은 내면의 바다로 내려가야 한다. 그 깊은 곳에 이르렀을 때에야 비로소 당신의 정상이 눈앞에 모습을 드러낸다.

심연으로 내려가는 여정에는 함께할 동지가 없다. 그곳으로 향하는 길은 언제나 고독하다. 오로지 당신 자신만이 걸어가야 할 길, 그 누구의 손도 잡을 수 없고, 그 누구의 지도도 의지할 수 없다. 앞선 자가 남겨놓은 지도나 언어 - 그것들은 단지 그들의 길을 기록한 것일 뿐, 당신의 길을 대신해 주지 못한다. 심연으로 향하는 길은 오직 개인의 내면 속에서 새롭게 발견되어야 한다. 심연에 이르러 본 사람은 안다. 그 길을 타인에게 완벽히 설명할 수 없다는 것을. 그저 "그곳에 길이 있다"는 것만을 말할 수 있을 뿐이다. 왜냐하면 심연은 말의 세계가 아닌 체험의 세계이기 때문이다.

심연은 두렵다. 그곳은 어둡고, 외롭고, 때로는 절망처럼 느껴진다. 그러나 바로 그곳에서만 진정한 자기 자신을 만날 수 있다. 그 어둠을 통과한 자만이 빛의 높이를 이해할 수 있기 때문이다. 심연에 이르는 자 - 그는 결국 정상을 본다.

차라투스트라는 이렇게 말했다.

"깊은 바다를 내려가 본 자만이
가장 높은 산의 정상에 설 자격이 있다.
빛은 어둠에서 태어나고,
위대함은 심연에서 솟아오른다."

3부 나를 찾아서
23편 진정한 용기

니체가 말한 용기는 우리가 흔히 생각하는 영웅적 용기나 전투적 투지와는 다르다. 그는 이렇게 말했다. "용기는 최상의 살해자다. 용기는 동정도 살해한다." 언뜻 들으면 냉혹한 표현처럼 보인다. 그러나 니체가 말하고자 한 것은 공격적 용기가 아니라, 자신의 내면과 마주할 수 있는 수용적 용기, 즉 자기 자신을 사랑할 용기였다. 외부와 싸우는 용기가 아닌, 자기 자신과 마주하는 용기다.

우리는 흔히 용기를 말할 때 위인을 떠올린다. 예를 들어 이순신 장군의 23전 23승의 전설은 용기의 상징처럼 전해진다. 하지만 그가 전장에 설 때마다 두려움이 전혀 없었을까? 그렇지 않을 것이다. 진정한 용기란 두려움이 없는 상태가 아니라, 두려움을 끌어안고도 전진하는 힘이다. 니체가 말한 용기는 밖으로 향한 칼날이 아니라, 자기 자신을 향한 성찰의 칼날이다. 자기 자신을 사랑할 줄 모르는 사람이 어떻게 타인을 위해 용기를 낼 수 있겠는가?

진정한 용기는 자기 자신에게 투자하는 일이다. 니체는 이렇게 말한다. "자신의 삶의 3분의 2를 자신에게 투자하지 않는 자는 용기 있는 자라 할 수 없다." 이 말의 의미는 분명하다. 자기 자신을 가꾸고 성장시키는 일이야말로 가장 위대한 용기의 행위라는 것이다. 자기 자신에게 투자한다는 것은 어제의 나에 안주하지 않고, 오늘의 나를 새롭게 창조하는 일이다. 즉, 어제의 나를 죽일 수 있는 용기, 그 속에서 새로 태어나는 오늘의 나를 맞이하는 용기다. 이것이 니체가 말한 진정한 '위버멘쉬(Übermensch, 초인)'의 길이다.

용기는 성장이다, 투쟁이 아니다. 진정한 용기란 타인과의 경쟁이 아니라, 어제의 나와 오늘의 나의 대화이다. 오늘의 내가 조금 더 자비롭고, 조금 더 사랑이 깊으며, 조금 더 편견에서 자유로워지는 것 - 그것이 용기의 증거다. 용기를 투쟁과 동일시한다면 당신은 영원히 용기로부터 멀어질 것이다. 용기란 성장이며, 성장은 투쟁이 아니라 수용이다. 새싹이 햇빛과 물과 흙을 받아들이듯, 용기 또한 세상의 모든 경험을 받아들이는 힘이다. 그 어떤 것도 억누르지 않고, 그 어떤 것도 거부하지 않는다. 그저 받아들이고, 흡수하고, 성장한다. 공격적인 용기는 타인뿐 아니라 자기 자신을 파괴한다. 그러나 수용의 용기, 즉 자기 자신을 사랑하고 변화시키는 용기는 세상을 치유한다.

차라투스트라는 이렇게 말했다.

"용기란 싸우는 힘이 아니라, 받아들이는 힘이다.
어제의 나를 죽일 수 있는 자만이
오늘의 자신을 사랑할 수 있다."

4부
나를 만나서

4부 나를 만나서
1편 행복을 찾아서

아마도 그 누구에게 물어보더라도, 가장 정의 내리기 어려운 단어를 꼽으라면 사랑보다는 행복일 것이다. 니체 또한 행복에 대한 명확한 정의를 내리기 어려워했다는 사실이 그의 글 곳곳에서 느껴진다. 왜냐하면 행복이란 정의될 수 없는 언어, 혹은 정의 내려질 수 없는 언어이기 때문이다.

니체 글에서 행복은 아이들로 비유된 듯하다. 니체는 이렇게 말한다. "창조하는 자는 일찍이 길동무와 자신의 희망, 아이들을 찾아다녔다." 그에게 행복이란 단순한 감정이 아니라, 창조의 여정에서 피어나는 생명력의 증거였다. 니체는 행복, 삶의 오후, 그리고 골짜기를 통해 진정한 행복이란 한 가지 - 자신의 사상이 뿌리내리고 희망의 아침놀을 얻는 것이라고 말한다. 아침놀은 니체 철학의 상징이다. 그것은 어둠에서 밝음으로 넘어가는 순간, 동쪽 하늘에서 피어오르는 새로운 빛의 시작이다. 애독자들도 한 번쯤 새벽녘, 동쪽 하늘이 붉게 물들며 태양이 떠오르는 장면을 본 적이 있을 것이다. 그 찰나의 순간, 우리는 느낀다. 아침놀은 무지로부터의 해방이며, 새로운 의식의 탄생이다.

인간에게 행복이란 무엇인가? 그리고 어떤 행복은 왜 원하지 않는 행복이 되는가? 행복이란 지금도 자신이 깃들일 밝은 영혼을 찾는 여정이다. 행복이라는 단어가 추상적인 이유는 그것이 외부의 사건이 아니라, 내면의 영혼이 얼마나 밝은가에 따라 달라지기 때문이다. 같은 일을 겪어도 어떤 이는 불행을 느끼고, 또 어떤 이는 감사와 충만함을 느낀다. 행복은 사건의 결과가 아니라, 영혼의 해석이다.

니체는 말한다. "밝은 영혼으로 가는 길을 아이들로 가기도 하고, 되돌아오기도 한다." 행복은 영혼이 닿는 방식에 따라 원하는 행복이 되기도 하고, 원하지 않는 행복이 되기도 한다. 외부의 결과가 같다고 해서 모든 사람에게 똑같은 행복을 가져다주지 않는다. 그것은 이미 우리가 모두 알고 있는 사실이다.

최근 노벨문학상을 수상한 한강 작가를 떠올려보자. 그 상이 그녀에게 행복을 가져다주었을까? 그 상 속에 '행복'이 함께 배달되었을까? 아마도 기쁨은 함께 왔을지 모르지만, 행복은 그렇지 않았을지도 모른다. 왜냐하면 한강 작가는 글을 쓰는 순간마다 행복을 보상받기 위해 쓴 것이 아니기 때문이다. 그녀에게 글쓰기는 상을 위한 행위가 아니라 존재를 증명하기 위한 내면의 고백이었다.

당신에게 묻고 싶다. 어떤 것이 배달되었을 때 당신은 행복하다고 느끼는가? 그 질문에 즉시 대답할 수 없다면, 아마도 당신은 아직 원하지 않는 행복의 그림자 속에 있을지도 모른다. 행복은 찾아가는 것도, 찾아오는 것도 아니다. 행복은 원하는 것이 아니라, 밝아지는 것이다. 아침놀처럼, 어둠을 밀어내는 것 - 그것이 바로 행복이다.

차라투스트라는 이렇게 말했다.

4부 나를 만나서
2편 불행이란 선물

니체는 차라투스트라가 불행을 기다리는 이유가 무엇인지, 그리고 왜 인간은 불행을 두려워하지 말아야 하는지를 이야기하고자 한다. 누구나 불행은 싫어하고 행복은 좋아한다. 그러나 불행을 겪어보지 않은 사람이 행복을 안다고 말하는 것은 불가능하다. 행복이란 상대적 감정이며, 그 상대의 반대편에 '불행'이라는 개념이 있어야만 비로소 행복이 정의될 수 있기 때문이다. 불행의 감정을 모르는 자에게 행복은 없다. 그는 단지 행복을 흉내 내는 자일 뿐이다.

운동을 예로 들어보자. 운동이 행복하다고 느껴지기 위해서는 먼저 고통스럽고 힘든 단련의 시간을 견뎌야 한다. 가벼운 산책 한 바퀴로 만족하는 사람도 있겠지만, 극한의 트레이닝을 마친 뒤에 찾아오는 근육의 떨림, 그 속에서 피어나는 쾌감은 전혀 다른 차원의 행복이다. 고통의 시간은 곧 행복의 전제다. 굶주림의 불행을 모르는 사람은 진수성찬의 행복을 알 수 없다. 태어나면서부터 금수저로 자라, 원하는 음식을 언제든 손에 넣을 수 있었던 사람은 결코 음식의 기쁨을 진정으로 느낄 수 없다. 그가 느끼는 것은 행복이 아니라, 그저 만족의 흉내일 뿐이다. 행복은 언제나 결핍과 함께 온다. 결핍 없는 행복은 존재하지 않는다.

사랑도 마찬가지다. 많은 사람들은 사랑을 결핍을 채워주는 행위라고 착각한다. 그러나 진정한 사랑이란 결핍을 채우는 것이 아니라, 결핍을 함께 감내하고, 그 결핍 속에서 행복을 만들어 가는 것이다. 결핍이 사라지는 순간, 사랑도 사라진다. 고통을 공유할 때 사랑은 비로소 완성된다.

니체는 말한다. "나는 깊디깊은 고통과 기꺼이 만나고자 여기에 서 있다." 진정 행복을 바라는가? 그렇다면 불행을 피하지 말라. 원하지 않는 행복이 다가올 때, 그 행복을 단호히 거절할 수 있는 용기가 있어야 한다. 진정한 행복은 불행을 거부하지 않는 자에게만 주어진다. 자신에게 주어진 고통의 길을 선택할 수 있는 자, 그만이 삶의 깊은 곳에서 솟아오르는 행복의 빛을 볼 수 있다.

차라투스트라는 이렇게 말했다.

4부 나를 만나서
3편 선악을 넘어서

니체는 인간의 삶 속에서 자유를 갈망하는 인간의 의지에 쇠고랑을 채워 놓은 것들을 끊임없이 부수고자 했다. 그는 평생 망치를 들고, 인간의 정신을 얽어매는 수많은 굴레들을 깨뜨리려 했다. 그리고 그 굴레 중 가장 오래되고도 깊은 사슬 하나가 바로 '선악(善惡)'이었다. 우리가 스스로 채워 놓은 수갑인지 아닌지는 알 수 없지만, 니체는 이 선악의 사슬이야말로 인간의 자유를 속박하는 가장 무거운 족쇄라고 말한다. 그는 『차라투스트라는 이렇게 말했다』 곳곳에서 이 사슬이 인간을 얼마나 작게 만들고, 얼마나 스스로를 속박하게 만드는지를 반복해 경고한다.

본문에 이렇게 쓰여 있다. "만물은 영원이라는 우물가에서, 그리고 선악의 너머에서 세례를 받기 때문이다." 세상 만물에 우리는 의미를 부여하고, 그 위에 '선하다'는 옷을 입힌다. 그러나 니체의 눈에는, 세상 만물은 그 어떤 도덕적 색깔도 입지 않은 채 영원이라는 우물가에서 태어난 존재였다. 그에게 '선악'은 인간이 덧씌운 가면일 뿐이다. 태초의 하늘, 해가 뜨기 전의 맑은 새벽 - 그곳에는 선도, 악도, 죄도, 구원도 없었다. 오직 순수한 존재의 무구함만이 있었다.

니체는 말한다. "만물 위에는 우연이라는 순진무구함이 있고, 의외라는 자유분방함이 있으며, 그것은 참으로 축복이지 결코 모독이 아니다." 세상에서 가장 오래된 귀족, 그것이 바로 '우연(偶然)'이다. 니체는 이 우연이라는 귀족을 만물에게 되돌려줌으로써 세상을 '목적'이라는 노예 상태에서 해방시켰다. 세상 만물은 필연적으로 생겨난 것이 아니다. 그 안에는 어떤 신의 계획도, 도덕의 설계도 없다. 모든 것은 우연히 태어나, 우연히 흘러가며, 그 우연 속에서 생명을 노래한다. 그럼에도 인간은 그 위에 의미를 덧칠하고, 선과 악이라는 잣대를 들이대며, 우연히 존재하는 만물들을 '도덕'이라는 감옥에 가두어 버렸다.

니체는 말한다. 이제 우리는 세상 만물을 그 노예 상태로부터 해방시켜야 한다. 선악의 굴레를 벗기고, 우연의 자유를 다시 돌려주어야 한다. 세상 만물을 더 이상 당신의 정신세계의 철장 속에 가두려 하지 마라. 그대가 만든 선악의 감옥에서 세상을 구하라.

차라투스트라는 이렇게 말했다.

4부 나를 만나서
4편 덕을 밝혀라

니체는 단단하게 성장하기 위해서는 지나치게 유순하고 관대한 성품을 경계하라고 말한다. 사람들은 흔히 양보를 잘하고, 유순하여 다루기 쉬운 사람을 좋은 사람이라 평가한다. 그러나 그런 사람은 단단한 바위를 뚫고 뿌리를 내릴 수 있는 나무가 되지 못한다. 다툼이 생겼을 때, 자신의 것을 포기하고 "그냥 너 해라"라고 양보하는 것이 겉보기에는 호인(好人)처럼 보일 수 있다. 하지만 그 행동 뒤에 후회가 남는다면, 그것은 베푼 것이 아니라 스스로를 갈취당한 것에 불과하다. 한 단계 성장한다는 것은 단지 포기하는 것이 아니라, 다음 단계로 나아가기 위해 버려야 할 것과 취해야 할 것, 포기해야 할 것과 포기하지 말아야 할 것을 분명히 구분하고 행동하는 일이다. 그 구분이 명확한 사람이야말로 지혜로운 사람이다.

당신에게 묻는다. 사람과 돈 중 어느 쪽을 버리겠는가? 대부분의 다툼은 돈에서 비롯된다. 많은 이들은 그래도 사람이 더 중요하다 생각하며 사람을 택하지만, 결국 사람도 잃고 돈도 잃는 결과로 귀결되는 경우가 많다. 하나를 버리지 않고는 하나를 취할 수 없다. 무엇을 버릴 것인가, 그것이 곧 당신의 철학이다. 니체는 "네 이웃을 사랑하라"고 말한다. 그러나 그보다 먼저, "너 자신을 사랑하라"고 강조한다. 자신을 사랑할 줄 모르는 사람은 결코 이웃을 사랑할 수 없다. 자기를 사랑하는 방법이란 유순하고 관대한 사람이 되는 것이 아니라, 바위에 뿌리를 내릴 수 있는 단단한 나무가 되는 것이다. 자기 내부의 강함, 그것이 덕(德)이다. 덕이란 단지 착함이나 온화함이 아니다. 덕이란 스스로를 다스릴 수 있는 힘, 세상의 풍파 속에서도 부러지지 않는 정신의 뼈대다.

'위대한 정오'는 니체의 언어 곳곳에 자주 등장하는 상징이다. '정오(正午)'란 하루 중 해가 가장 높이 떠 있는 시각, 즉 낮 12시를 말한다. 하루 중 정오는 밤으로 향하는 길목이며, 밤 12시는 낮으로 향하는 길목이다. 그렇다면 왜 니체는 '정오'를 위대하다고 했는가? 우리는 자정(子正)에서 여행을 시작한다. 어둠 속에서 출발해, 여명(黎明)을 지나 해돋이를 맞이하고, 마침내 정오에 이른다. 정오는 깨달음의 시간, 자신이 목적한 일을 완성한 순간이다. 그런데 니체는 여기서 멈추지 않는다.

그는 말한다.

"이제 내려와야 한다."

정오에 이르렀다는 것은 끝을 의미하지 않는다. 그것은 새로운 시작의 문턱이다. 내려온다는 것은 소멸이 아니라, 새로운 창조 – 즉 위버멘쉬로서의 삶을 의미한다. 세상 어떤 것에도 걸림이 없는 자유로운 삶은 무언가를 끊임없이 만들어가는 과정이 아니라, 모든 것을 완성한 뒤 그것을 내려놓는 과정 속에서 이루어진다.

위대한 선지자들의 삶 또한 이루기 위해 싸우는 삶이 아니라, 이루고 난 뒤 내려오는 삶이었다. 진정한 위대함은 성취에 있지 않고, 그 성취를 조용히 비워낼 수 있는 힘에 있다. 세상과의 모든 투쟁이 끝난 날, 그날이 바로 당신 스스로를 완성한 위대한 정오의 날이다.

차라투스트라는 이렇게 말했다.

4부 나를 만나서
5편 살아있는 언론

니체가 살았던 19세기나, 우리가 살아가는 21세기 대도시가 별반 다르지 않은 것은 정치와 경제, 그리고 언론의 부패 구조 때문이다. 지금의 광화문을 보아도 마찬가지다. 니체는 본문 곳곳에서 썩어빠진 정경유착(政經癒着)과 그 하수인이 된 기레기 언론의 참혹한 민낯을 신랄하게 비판한다. 그러나 더 비참한 것은 따로 있다. 그것은 저들의 펜 끝에서 흘러나오는 조작된 진실을 구분할 줄 아는 깨어 있는 사람이 너무 적다는 것이다. 설령 조작된 진실을 폭로하고, 왜곡된 언어를 바로잡으려는 용기 있는 이들이 있다 하더라도, 그들의 말을 듣고 이해할 줄 아는 대중이 사라진 도시는 이미 병들어 있다. 그 도시가 바로 니체가 경고한, "정신의 대도시"다.

니체는 당시 정치인들에 대해 이렇게 말했다. "이 바보가 차라투스트라의 문장과 억양을 조금 익혔구나." 그 말은 단순한 조롱이 아니라 통렬한 통찰이었다. 정치인들의 화려한 말잔치 속에는 자신의 언어가 없다. 그들이 사용하는 말은 창조된 언어가 아니라, 대중을 조종하기 위해 빌려온 타인의 언어다. 그는 우리 모두를 향해 이렇게 외쳤다. "그들은 병약한 자들이며, 여론에 중독되었다."

니체는 또 말했다. "만군을 주재하는 신은 결코 금괴의 신이 아니다. 생각은 군주가 하지만, 조종은 상인이 한다." 이보다 더 명확하게 정경유착의 본질을 꿰뚫은 말이 있을까. 정치와 경제가 결탁하고, 그 위에서 언론이 춤을 추는 구조 - 그 속에서 진실은 늘 가장 먼저 죽는다.

그러나 니체는 단순한 분노에 머물지 않는다. 그는 냉정하게, 그리고 단호히 말한다. "더 이상 사랑할 수 없는 것은 스쳐 지나가야 한다." 지금 우리의 정치 현실이 혼란스럽다. 그러나 그 어수선함을 만든 장본인은 다름 아닌 우리 자신이다. 우리가 던진 한 표, 우리가 방관한 침묵, 그것이 지금의 현실을 만들었다. 그럼에도 여전히 반성하지 못하고, 스스로를 속인 채 살아간다면, 그것은 타인을 속이는 것이 아니라 자신의 무덤을 파는 일이다.

세상 모두를 속이더라도, 자기 자신만은 속이지 말아야 한다. 그것이 철학의 첫걸음이며, 깨어 있는 인간의 최소한의 의무다. 자기 자신에게 속지 않기 위해서는 늘 깨어 있어야 한다. 두 눈을 부릅뜨고 보라. 그가 진정 정의로운 사람인지, 혹은 정의로운 '척'하는 사람인지. 그가 자신의 언어로 말하는 자인지, 아니면 타인의 언어를 빌려다 마치 자신의 것인 양 떠드는 자인지 분별하라. 그 구분은 아무것도 선택하지 않은 상태에서 바라볼 때만 가능하다. 그때 비로소 문이 열린다. 그것이 살아있는 언론, 곧 살아있는 인간의 눈이다.

차라투스트라는 이렇게 말했다.

4부 나를 만나서
6편 신을 죽인 니체

니체는 신을 죽인 철학자다. 그렇다면 니체가 죽인 신은 어떤 신인가? 그리고 그가 죽이지 않은 신, 즉 그가 부정하지 않은 신은 무엇인가? 니체가 『차라투스트라는 이렇게 말했다』에서 선언한 "신은 죽었다"는 문장은, 단순한 신화적 사건이 아니다. 그가 말한 '죽은 신'은 그리스·로마 신화의 신들이나 힌두교의 수많은 신들을 의미하지 않는다. 니체가 죽인 신은 바로, 전 세계에 퍼져 있는 유일신 – '하나님'이라는 이름의 신이었다.

그렇다면 니체가 하나님을 부정한 것인가? 그는 하나님 자체를 부정한 것이 아니라, 인간이 스스로 조작하고 만들어낸 거짓된 하나님, 즉 인간의 나약함이 만들어낸 허구의 신을 부정한 것이다. 니체가 죽인 신은 원래부터 존재하지 않았다. 그것은 인간이 자기의 무력함을 숨기기 위해 만들어낸 위안의 장치였으며, 책임을 회피하기 위한 가상의 주인이었다. 그 거짓된 하나님은 오늘날에도 여전히 세상 곳곳에서 활개를 치고 있다. 그 이름으로 사람들은 서로를 정죄하고, 도덕과 죄, 벌과 구원이라는 족쇄를 만들어내며 자유로운 인간의 정신을 묶어둔다.

니체가 신을 죽인 이유는 명확하다. 그는 지난 이천 년 동안 유럽을 지배해온 유일신 – '야훼의 신'으로 인해 모든 가치가 전도되고, 인간이 스스로의 책임을 잃어버렸다고 보았다. 모든 고통과 실패를 신에게 돌리고, 모든 구원을 신에게 맡기는 인간은 결코 자유로울 수 없다. 그들은 자기 삶의 주인이 아니라, 신의 그림자 속에 숨은 노예에 불과하다. 인간이 한 걸음도 앞으로 나아가지 못하는 이유는 누군가에게 의존하고 있기 때문이다. 자신의 잘못을 타인에게, 혹은 신에게 전가할 수 있는 한 그는 결코 성숙할 수 없다.

니체가 말한 인간의 세 단계 - 낙타에서 사자로, 사자에서 아이로 나아가는 길은 의존의 사슬을 끊는 여정이다. 낙타는 짐을 짊어진 순종의 인간이며, 사자는 그것을 부수는 인간이다. 그러나 아이는 완전한 창조의 인간, 즉 신 없는 세계에서 스스로 신이 된 인간이다. 스스로를 바로 세우라. 그 누구의 의존도 없이, 어떠한 신의 보호도 없이, 독립된 인간으로 새롭게 태어나라. 당신이 붙잡고 있는 의지처를 완전히 버릴 때, 비로소 당신답게 살아갈 새로운 길이 열린다.

니체가 신을 죽였다면, 그 말은 곧 신이 있었다는 뜻이기도 하다. 세상에 존재하지 않는 것은 죽일 수 없기 때문이다. 그러므로 우리는 니체가 신을 죽인 이유를 단순한 부정이 아니라 새로운 인간의 탄생 선언으로 이해해야 한다. 그는 신을 죽임으로써 인간이 신의 자리를 이어받게 했다. 즉, "신은 죽었다. 이제 인간이 신이 되어야 한다." 그것이 니체 철학의 본질이며, 위버멘쉬 - 초인으로 가는 문이다.

차라투스트라는 이렇게 말했다.

4부 나를 만나서
7편 인맥 관리의 허상

이제 곧 한 해가 마무리된다. 보통 12월이면 많은 사람들이 자신을 중심으로 얽힌 인맥들과 송년회를 갖는다. 그러나 나는 12월에 따로 만날 사람이 단 한 사람도 없다. 삶을 그렇게 단출하게 만든 것은, 내 인생에서 가장 잘한 선택 중 하나라고 생각한다.

인맥 관리가 일상이 된 사람들은 그 방식을 통해 자신의 삶이 더 풍요로워진다고 믿는다. 혹은 인맥을 통해 자신이 이루고자 하는 목적을 달성할 수 있다고 생각한다. 또는 각종 봉사 활동이나 단체 모임을 통해 '선한 영향력'을 드러내려 하지만, 그 봉사가 진정한 의미를 담지 못할 때, 그것은 결국 남에게 보여주기 위한 자존의 연장선에 불과하다. 그들은 봉사를 통해 자신을 치유한다고 믿지만, 사실은 자신을 증명하고 싶어 하는 욕망을 감추고 있을 뿐이다. 니체는 이런 삶을 가리켜 "인간들 사이에서 일어나는 모든 일을 알려고 하는 미련한 삶"이라고 비판한다. 군중 속의 고독이란 사람들 틈에 있다고 해서 사라지는 것이 아니다.

니체는 이렇게 말했다. "버림받은 것과 고독은 서로 다르다." 많은 이들은 고독을 외부 환경의 결과로 착각한다. 만날 사람이 없거나, 세상으로부터 버림받았기 때문에 생겨나는 감정이라고 생각한다. 그러나 그것은 오해다.

진정한 고독이란, 더 나은 인간으로 변화하기 위해 자기 내면과 대화를 선택한 결과다. 고독은 결핍이 아니라 선택이다. 니체가 "인간들 가운데서 언제나 황량하고 낯설 것이다"라고 말한 이유도 여기에 있다.

대부분의 사람들은 삶의 무게와 압박감이 외부에서 자신을 억누른다고 생각한다. 하지만 그것은 착각이다. 그들이 느끼는 구속감은, 자신이 스스로 타인이 만들어 놓은 익숙한 삶의 틀을 선택했기 때문이다. 그 틀은 안정감을 주지만, 동시에 영혼을 마비시킨다. 그 안에서 사람들은 고독을 잃고, 쾌락을 얻는다. 그러나 쾌락은 늘 고독의 결핍에서 비롯된다. 고독을 피하는 자는 결국 자신을 잃는다.

고통스러운 삶과 고독한 시간을 멀리하고 사람들과의 어울림 속에서 쾌락을 쫓는다고 해서 당신이 진정한 갈증에서 벗어날 수는 없다. 고독을 직시할 수 있는 자, 홀로 있는 시간을 즐길 수 있는 자, 그 사람만이 고독을 두려워하지 않는다. 그에게 고독은 고통이 아니라, 자유로 향하는 문이다. 세상의 소음이 멀어지고, 자기 영혼의 목소리가 들려오는 그곳 - 그곳이 바로 진정한 해방의 자리다. 자유를 향한 당신의 발걸음을 옮겨라. 고독 속에서만 인간은 비로소 자신과 만난다.

차라투스트라는 이렇게 말했다.

4부 나를 만나서
8편 육신의 욕망

지난 수천 년 동안, 특히 초기 국가가 형성되고 종교 교리가 급속히 퍼져나가던 시기부터 인간의 욕망은 언제나 부정의 대상으로 취급되었다. 인간이 지닌 본능과 욕구를 억누르고 제거하는 것이 마치 성스러운 삶의 목표인 양 가르쳐져 왔다. 지금도 우리 사회의 대표 종교인 천주교나 불교의 성직자들은 육욕으로부터 스스로를 차단하며, 그 억제의 삶을 '수행'과 '고행'으로 받아들인다.

그러나 니체는 이 모든 교사들을 향해 냉소적인 미소를 짓는다. 그는 이렇게 말한다. "육욕과 오류 속에서 헤매는 모든 교사들은, 그들의 금욕으로 스스로를 바보로 만든 자들이다." 만약 육체적 욕망을 제거해야 한다면, 인류는 이미 지구상에서 사라졌을 것이다. 니체가 죽인 신이 허구의 신이었다면, 그가 비판한 욕망의 부정은 허구의 도덕이었다. 그리스도교나 불교 모두 성욕을 원죄로 규정하고, 그 불을 끄는 것이 구원의 길이라 말한다. 그러나 인간은 결코 욕망을 제거할 수 없다. 그것은 악이 아니라 삶의 불꽃이기 때문이다.

니체는 말한다. "욕망은 제거해야 할 대상이 아니다. 욕망의 불에 자신을 태우는 어리석음을 멈추고, 욕망의 불의 사용자가 되라." 욕망을 불에 비유한다면, 수많은 종교는 그 불을 꺼야 한다고 말한다. 그러나 그것은 가능한 일인가? 과연 신부님이나 스님들은 욕망의 불이 완전히 꺼진 상태로 살아가고 있는가? 아니다. 그들도 욕망을 다스릴 뿐, 없애지 못한다. 그들 또한 육체를 가진 인간이며, 그들의 부모가 지닌 육체적 욕망으로 인해 세상에 태어난 존재들이다. 육체적 욕망은 인류 생명을 이어주는 궁극의 에너지다. 그 에너지를 부정하는 것은 생명을 부정하는 일이다. 욕망을 억누르는 것이 성스러움이 아니라, 욕망을 올바르게 사용하는 것이 성숙이다. 건강한 성생활을 하는 자, 그가 욕망을 가장 지혜롭게 사용하는 사람이다. 욕망은 제거의 대상이 아니라, 삶의 기술로 다뤄야 할 불이다.

니체는 권력에 대해서도 같은 시선을 보낸다. 그는 말한다. "지배욕 앞에서 인간은 기어다니며, 뱀과 돼지보다 더 비굴해진다." 권력 앞에서 비굴해지는 사람은 자신의 힘의 의지가 약한 사람이다. 내면이 단단하고, 자신의 의지가 강한 사람은 권력이나 금력 앞에서도 굴복하지 않는다. 그것이 곧 위버멘쉬로 가는 길이다. 진정한 자기 극복으로부터 나온 힘의 의지는 어떠한 권력도 무너뜨릴 수 없다. 니체는 지배욕 자체가 악이 아니며, 그 욕망을 사용할 줄 모르는 어리석음이 문제라고 말한다. 지배욕은 삶의 본능이며, 창조의 원동력이다.

이기심 또한 마찬가지다. 이기심이 없는 사람은 죽은 것이나 다름없다. 측은지심 또한 그 마음의 뿌리가 이기심에서 비롯된다. 이타심이 강한 사람일수록, 그 이면에는 깊고 성숙한 자기애가 있다. 자신을 사랑할 줄 모르는 사람이 어떻게 타인을 사랑할 수 있겠는가? 이타심은 이기심의 성숙한 형태다. 진정한 사랑은 자기 자신으로부터 시작된다. 수많은 사이비 현자들이 '이기심'을 죄악시하며 인간의 본능을 억압해왔다. 그들은 욕망을 부정함으로써 권력을 얻었다. 그러나 니체는 그 거짓을 폭로했다. 욕망은 죄가 아니다. 그것은 생명의 불이며, 그 불을 다스릴 줄 아는 자만이 자신의 삶을 창조할 수 있다.

차라투스트라는 이렇게 말했다.

4부 나를 만나서
9편 무겁다는 의미

니체는 '중력의 영'을 언급하며, 그것을 불구대천의 원수, 절천지의 원수, 그리고 조상 대대로의 원수라고 표현했다. 그리고 자신을 그 중력의 영과 싸우는 독수리에 비유했다. 그가 인간 세상을 덮고 있는 악마 같은 존재로 '중력의 영'을 묘사한 것은 단순한 비유가 아니다. 그것은 인간의 자유를 짓누르고, 창공을 날 수 없게 만드는 모든 무거움의 상징이다. 인간이 세상에 태어나 가장 먼저 빼앗기는 것은 무엇인가? 그것은 자유다. 독수리처럼 창공을 훨훨 날아야 할 인간의 삶을, '중력의 영'이 짓누르고 있다.

그 중력은 단순히 물리적 힘이 아니다. 그것은 인간이 태어나기 훨씬 전부터 세상에 만들어져 있던 관습, 도덕, 윤리, 선악, 천국, 하느님, 이데올로기, 좌파와 우파, 그리고 수많은 규범과 가치 체계들이다. 이 모든 것들이 인간의 정신을 붙잡고, 그의 날개를 꺾어 결국 땅 위에 머물게 만든다.

니체는 말했다. "인간에게 나는 법을 가르치기 위해서는 경계석을 옮겨야 한다." 여기서 '나는 법'이란 실제로 하늘을 나는 것을 뜻하지 않는다. 그것은 중력으로부터 해방되는 법, 즉 정신적 자유의 획득을 의미한다. 그러나 인간은 날개를 가지고 있으면서도 날지 못하는 타조와 같다. 그 이유는 간단하다. 이미 만들어진 중력의 영이 너무나도 무겁기 때문이다. 우리는 그것이 거짓임을 알고 있으면서도, 그것을 거부하지 못한다. 그 무게를 견디며 사는 것이 '덕'이고 '도덕'이라 믿으며 살아간다.

하지만 날아오르기 위해서는 사회적 관습과 도덕의 굴레로부터 벗어나야 한다. 자유로운 의사 결정에 대한 두려움을 넘어설 때, 비로소 인간은 저 푸른 창공으로 날아오를 수 있다. 그런 사람에게 니체는 새로운 이름을 부여한다. 그 이름이 바로 '가벼운 대지(Leichte Erde)'다. 가벼움이란 무책임이 아니라, 모든 무거움에서 해방된 존재의 상태를 뜻한다. 건전하고 건강한 방법으로 자신을 사랑하는 법을 배워야 한다. 어떤 경우에도 자신을 억누르고 참고 견디는 것이 미덕이 되어서는 안 된다. 그것은 강함이 아니라 속박이다.

'이웃 사랑'이라는 이름 아래 가장 큰 위선과 속임수가 자행되었다. 타인을 사랑한다는 명분 아래 자신을 부정하고 희생하는 삶 - 그것은 도덕의 가면을 쓴 중력의 영의 속박일 뿐이다. 당신이 만든 적 없는 그 위선의 가면을 벗어라. 그 가면은 당신의 영혼을 무겁게 할 뿐이다. 스스로 위버멘쉬가 되어라. 그리고 저 푸른 창공을 자유롭게 나는 가벼운 인간, 자유로운 인간이 되어라.

차라투스트라는 이렇게 말했다.

4부 나를 만나서
10편 선하다는 착각

인간이 새롭게 탄생하기 위해서는 어떤 조건이 필요한가? 니체가 끊임없이 던졌던 물음의 중심에는 이것이 있다. "너는 정말 알고 있는가?" 스스로 '안다'고 생각하는 그 수많은 것들이 과연 진정으로 '너 자신의 앎'인지, 아니면 남이 만들어 놓은 말을 외워 되뇌는 것인지 그는 우리에게 묻는다.

이 단락의 주제는 낡은 서판과 새로운 서판이다. 서판이란 글을 쓸 때 밑에 받치는 널빤지를 말한다. 지금처럼 노트북이나 스마트폰으로 글을 쓰는 시대에는 생소한 이야기일지도 모른다. 그러나 니체에게 서판은 단순한 도구가 아니라 사유의 바탕이었다. 그는 오래된 서판 - 즉, 과거의 도덕과 선악의 체계를 버리고 새로운 서판 위에 자신만의 언어로 새로운 가치를 써 내려가라고 말한다.

우리는 도덕이나 선악에 대해 마치 오래전부터 알고 있었던 것처럼 착각한다. 하지만 니체는 단호히 말한다. "그 누구도 선과 악을 진정으로 알지 못한다." 당신에게 묻는다. 무엇이 선이고, 무엇이 악인가? 만약 당신이 이 질문에 즉시 대답할 수 있다면, 그 대답은 정말 당신 스스로 깨달은 진리인가? 아니면 세상이 이미 만들어 놓은 교본을 그대로 읊고 있는 것인가?

니체는 말한다. "창조하는 자가 아니면, 진리에 대답할 수 없다." 모방은 진리가 아니다. 창조란 틀을 깨는 것이며, "이것이 진리다"라고 고정된 신념을 거부하는 것이다. 살아 있는 진리는 암기된 문장에서 나오지 않는다. 진리는 언제나 지금 이 순간, 당신의 고뇌와 결단 속에서 새롭게 창조된다. 과거의 현자들이 남긴 말은 참고일 뿐, 당신의 삶을 대신 살아줄 수 없다.

살아 있는 진리의 세계를 창조하기 위해서는 스스로를 구원해야 한다. 기독교가 말하는 것처럼 구원이 신에게서 오는 것이 아니라 자기 자신의 행위에서 비롯된다. 스스로의 구원이란 무엇인가? 과거의 선지자들이 물려준 칼을 받아 그 칼로 새로운 요리를 만들어내는 일이다. 가치의 전도를 통해 새로운 길을 여는 일은 결코 모방으로 이루어지지 않는다.

니체는 말했다. "착한 자들은 결코 진리를 말하지 않는다." 왜 그는 착한 사람을 경계했을까? 아이가 태어나서 처음으로 받는 교육은 "착한 사람이 되어라"라는 말이다. 부모들은 세 살, 네 살짜리 아이가 말 잘 듣고 순한 아이이길 원한다. 그리고 그럴 때마다 자랑스럽게 말한다. "우리 아이는 참 착해요." 하지만 착하다는 말의 의미는 단 하나. 복종을 잘한다는 뜻.

착한 아이를 만든다는 것은 아이 안에 순종의 병을 심어주는 일이다. 그 병은 어른이 되어서도 자기 의견을 내지 못하고, 타인의 명령에 의존하며 살아가게 만든다. 아이에게 필요한 것은 착함이 아니라 질문하는 용기다. 부모의 말끝마다 "왜?"라고 묻는 아이, 그 아이야말로 창조의 씨앗을 품고 있다. 착한 아이 신드롬을 버려라. 착함은 미덕이 아니라 훈련된 복종이다.

어른이 되어 자신의 운명과 실시간으로 마주해야 할 순간이 온다면 '착한 결정'이 얼마나 어리석은 선택인지 깨닫게 될 것이다. 창조하는 인간은 복종하지 않는다. 그는 말 잘 듣는 인간이 아니라, 이전에는 없었던 길을 스스로 개척하는 인간이다. 세상이 만들어 놓은 것을 공짜로 누리며 살지 마라. 그것은 천민의 길이다. 진정한 인간은 자신이 만든 길 위를 걸어야 한다.

이제 스스로에게 물어보라. "이 길이 진정 위버멘쉬로 가는 길인가?" 착함은 안락하다. 그러나 창조는 고독하고 위험하다. 착한 인간은 순응 속에서 안식을 얻지만, 창조하는 인간은 혼돈 속에서 진리를 얻는다. 그 혼돈의 중심에서, 비로소 새로운 인간이 탄생한다.

차라투스트라는 이렇게 말했다.

4부 나를 만나서
11편 선악이 있다는 망상

어떤 종교에는 십계명이 있고, 또 어떤 종교에는 사미계, 사미니계가 있다. 그 속에는 공통적으로 "이것은 하지 말라"는 불문율이 존재한다. 우리는 태어나기도 전에 이미 만들어진 언어의 속박 속으로 던져졌고, 그것을 아무런 저항 없이, 너무도 당연하게 받아들인다. 과연 모든 욕망의 불꽃을 끄는 것이 가능한 일인가? 왜 수많은 종교의 계명들은 욕망을 죄악의 근원으로 규정하고, 그것을 억누르거나 소멸시켜야 한다고 가르치는가?

니체는 묻는다. "욕망이 정말 꺼야 할 불꽃인가?" 인간은 살아 있는 한 욕망해야 한다. 삶이란 곧 욕망이다. 욕망이 사라진 사람은 이미 죽은 사람이다. 삶에 대한 욕망이 꺼진 사람의 마지막 행동은 자살이다. 삶이 지속되는 한, 인간은 욕망과 함께 존재할 수밖에 없다. 삶 자체가 욕망이기 때문이다. 그렇다면 종교의 계명들은 결국 인간이 살아 있지 않기를 바라는 것인가? 살아 있는 사람에게 욕망의 불꽃을 끄라고 명령하는 것은 삶을 부정하라는 말과 다르지 않다.

니체는 말한다. "당신이 태어나기 전에 만들어진 수많은 것들에 대해, 질문의 방식을 바꾸어라." '살인하지 말라'가 아니라 "왜 살인이 나쁜 것인가?"라고 물어야 한다. 그렇다면 살인을 목적으로 만들어진 군대는 해체되어야 하는가? '살생하지 마라'가 아니라 "무엇이 살생인가?"라고 물어야 한다. 파리와 모기를 죽이는 것도 살생인가? 소와 돼지를 잡는 일은 살생인가? '나 외에 다른 신을 섬기지 말라'가 아니라 "그렇다면 다른 신들은 왜 존재하며, 왜 믿어서는 안 되는가?"라고 물어야 한다.

니체는 이렇게 말한다. "지금까지 선과 악에 대해서는 망상만 있었을 뿐, 아무것도 알려진 것이 없다." 그의 저서 『선악의 저편』 2장에서 니체는 묻는다.

"진리가 오류에서 생겨날 수 있는가?
진리에의 의지가 기만의 의지에서 생겨날 수 있는가?
사심 없는 행위가 이기심에서 생겨날 수 있는가?
현자의 순수한 관조가 욕정에서 생겨날 수 있는가?"

우리는 무의식중에 진리는 선하다고 믿는다. 그리고 진리는 깨끗하고 순수하다고 생각한다. 그러나 진리는 앞뒤가 잘 맞는 수학 공식이 아니며, 세탁된 흰 셔츠도 아니다. 진리는 언제나 삶의 혼탁한 진흙 속에서 자라난다. 모든 진리가 순수한 에너지에서만 나온다고 믿는 것은 또 다른 망상이다. 진리를 하나의 형태로 정의하려는 시도 자체가 모순이다. 살아 있는 진리는 욕망하는 진리다. 어쩌면 진리는 욕망의 자식인지도 모른다.

우리가 세상을 향해 내보내는 욕망은 깨끗한 것도, 더러운 것도 아니다. 그저 에너지일 뿐이다. 그 에너지를 향해 선악의 잣대를 들이대지 마라. 모든 생명은 생존을 위해 에너지를 필요로 한다. 욕망은 그 에너지의 근원이다. 그것을 죄악이라 부르는 순간, 삶 자체를 죄로 규정하게 된다.

무엇을 깨끗하다 하고, 무엇을 더럽다 하는가? 소와 돼지를 잡는 도축업이 더러운 직업인가? 그렇다면 우리 식탁에 오른 모든 고기는 '더러운 손'이 만든 음식이란 말인가? 칼이 아니라 기계 버튼으로 죽음을 명하는 오늘날의 인간은 그 살생에서 자유로운가? 니체는 말한다. "화재가 두렵다고 불을 금지한다면, 인간의 삶은 어디로 가겠는가?"

욕망은 꺼야 할 불이 아니라, 다스려야 할 불이다. 당신의 삶을 욕망하라. 능숙한 요리사가 불을 다루듯, 당신의 욕망의 불을 다루어라. 그 불이야말로 당신의 존재를 살아 있게 하는 생의 불꽃이다.

차라투스트라는 이렇게 말했다.

4부 나를 만나서
12편 서판을 부숴라

기존 사회의 가치를 부수고 새로운 가치를 세운다는 일은 결코 쉬운 일이 아니다. 왜냐하면, 자신이 부수고자 하는 그 가치가 새롭게 세우려는 가치보다 어떤 점에서 부당하고 허위인지 명확히 설명할 수 있어야 하기 때문이다.

수많은 개혁주의자들이 외쳐왔다. "오래된 질서를 부수고 새로운 세계를 건설하자." 그러나 묻지 않을 수 없다. 그들이 말한 새로운 세계가 과연 과거보다 우월한 세계였는가? 역사가 증언하듯, 그 혁명적 외침은 종종 새로운 폭력과 혼돈을 낳았다. 볼셰비키 혁명 역시 기존의 질서를 무너뜨렸지만, 그들이 세운 세계가 그 이전보다 인간을 더 자유롭게 만들었다고 누가 단언할 수 있는가? 니체는 이런 무분별한 '새로움의 숭배'를 경계했다. 그는 말한다.

"지혜는 피곤하게만 할 뿐, 아무런 보상도 주지 않는다."

우리는 지금, 생각하는 법을 잃어버린 시대에 살고 있다. 깊은 통찰 대신, 빠른 판단을 숭배한다. 짧은 문장, 30초짜리 쇼츠, 몇 줄의 요약 속에서 모든 진리를 안다고 착각한다. 하지만 그런 지식은 수박 겉을 핥는 얕은 맛일 뿐, 곧 사라지고 만다. 니체는 이를 두고 이렇게 말했다.

"그들은 엉터리로 배우고, 최선의 것을 배우지 못했다.
모든 것을 너무 일찍, 너무 빨리 배웠으며,
제대로 씹어 삼키지 못했기에
그들의 위장은 탈이 났다."

무언가를 새로 창조한다는 것은 기존 것을 무너뜨리는 일보다 훨씬 어렵다. 그것은 단순히 '파괴'가 아니라, '새로운 탄생'을 준비하는 고통의 과정이다. 새로운 가치를 세우려면 먼저 깊이 배워야 한다. 깊이 배운다는 것은 한 권의 책을 요약하는 것이 아니라, 그 책을 백 번이고 천 번이고 읽어 자신의 피와 살로 만드는 일이다.

타인이 쓴 책조차 수없이 되새겨야 그 뜻을 겨우 헤아릴 수 있는데, 하물며 새로운 세계를 창조하려는 자가 제대로 배우지도 않고 그것을 세우려 한다면 그것은 성냥개비로 빌딩을 짓는 것과 같다. 당신이 알고 있는 얄팍한 지식으로 세상을 재단하지 마라. 그것은 모르는 것보다 더 위험하다. 욕구가 창조가 되기 위해서는 먼저 진정으로 욕구하는 자가 되어야 한다. 삶의 길에서 길을 잃지 않으려면 지금 걷고 있는 그 길의 이유를 자신에게 분명히 물어야 한다. 그때 비로소, 당신 앞에 새로운 길이 열린다.

차라투스트라는 이렇게 말했다.

4부 나를 만나서
13편 사랑하는 법을 배워라

새롭게 태어나기 위해서는, 과거에 자신이 '가치 있다'고 여겼던 수많은 것들에 대해 다시 한 번 물어야 한다. "그것은 진정한 가치가 있는가?" 그 질문 앞에서 망설임 없이 낡은 서판을 부술 수 있을 때, 비로소 새로운 가치의 창조가 가능하다. 지금 우리가 가치 있다고 믿는 대부분의 것들은 사실 우리가 창조한 가치가 아니다. 누군가로부터 "가치 있는 일"이라고 주입받은 가치일 뿐이다. 그것을 반복하며, 우리는 '나의 가치'라 착각한 타인의 언어 속에 살고 있다.

최근 일어난 여러 사회적 소요와 갈등을 보라. 대한민국을 사랑한다는 사람들이 이토록 많음에도 왜 이 나라는 여전히 아파하는가? 애국과 애족을 외치며 살아온 우리는 정작 어떻게 사랑해야 하는지를 배우지 못했다. "애국해야 한다"고 가르치면서도 애국하는 법을 가르쳐주지 않았다. 그것은 마치 운전면허도 없는 사람에게 운전법을 가르치지 않은 채 "시속 150km로 서울까지 달려가라"고 명령하는 것과 다르지 않다. 결국 그 트럭은 고속도로 한가운데서 거대한 사고를 내고 멈춰버렸다. 당연한 결과다. 사랑하는 법을 배우지 못했기 때문이다.

남녀 간의 사랑 또한 마찬가지다. 사랑이 어려운 이유는 사랑하는 방법을 모르기 때문이다. 누군가를 새롭게 사랑하기 전, 먼저 자신에게 물어야 한다. 나는 사랑을 알고 있는가? 누구를 사랑하려 하는가? 그 사람의 무엇을, 그리고 어떻게 사랑할 것인가? 나의 사랑은, 사랑받는 사람이 진정으로 받고 싶어하는 사랑의 방식인가? 사랑에는 정해진 규칙이 없다는 것을 모두 알고 있으면서도, 막상 사랑을 시작하면 '올바른 방식'이 있다고 착각한다. 그 착각이 사랑을 깨뜨린다. 나라를 사랑하는 일도 다르지 않다. 왜 사랑해야 하는지, 어떻게 사랑해야 하는지를 배우지 않은 채 자신의 방식대로 나라를 사랑한다고 외친다면, 그것은 대한민국을 사랑하는 일이 아니라, 대한민국을 병들게 하는 일일 수도 있다.

니체는 이렇게 말한다. "자신을 억제하며 지나가는 데에는 더 큰 용기가 필요하다." 우리는 지금까지 수많은 일에 혼신의 힘을 다해 싸워왔다. 옳다고 믿었고, 해야만 한다고 생각했기에 죽기 살기로 매달렸던 일들이 얼마나 많았던가. 그러나 지나고 나면 깨닫는다. 그 모든 에너지를 다 쏟은 바로 그 다음, 더 큰 적이 나타났을 때 이미 정신력과 체력은 모두 소진되어 있었다. 사람의 일생에서 진정으로 목숨 걸 승부를 해야 할 일은 매일 오는 것이 아니다. 어쩌면 단 한 번, 혹은 두세 번 정도일 것이다. 그때를 위해 쓸데없는 곳에 에너지를 낭비하지 마라. 지금은 싸울 때가 아니다. 당신의 위대한 순간, 당신의 정오(正午)는 아직 오지 않았다. 기다려라 – 그때, 진정한 사랑도 함께 찾아올 것이다.

차라투스트라는 이렇게 말했다.

4부 나를 만나서
14편 제발 박살내라

오늘의 본문은 첫머리부터 충격적인 언어로 시작된다. 도대체 왜 니체는 "착하고 의로운 자들을 제발 박살 내라!"라고 저토록 외치고 있는가? 그리고 왜 그 착한 서판을 부수고, 거친 바다로 출항시키려 하는가? 우리 대부분은 선악을 알지 못한다. 다만 다른 이들이 '이것이 선이고, 저것이 악이다'라고 가르친 것을 학습을 통해 알고 있을 뿐이다. 그것이 진정한 선악인지 아닌지를 구분할 수 있는 사람은 선악을 창조한 자, 오직 그뿐이다.

정교한 짝퉁 명품이나 고미술품, 도자기, 보석을 감정하는 이들이 따로 존재하는 이유도 같다. 가짜와 진짜를 구분할 수 있는 눈은 아무에게나 주어지지 않는다. 고흐의 그림이 진짜인지 가짜인지를 가장 정확히 아는 이는 고흐 자신일 것이다. 선악도 마찬가지다. 선악을 창조한 자가 아니라면, 선악에 대해 말할 자격이 없다. 당신은 스스로 만든 선악이 있다고 말할 수 있는가? 이 질문에 확신을 가지고 "그렇다, 나는 나만의 선악을 창조했다"라고 대답할 수 있다면, 당신은 이미 위버멘쉬의 경지에 이른 사람이다. 그러나 대부분의 사람들은 이 질문 앞에서 망설인다. "나는 왜 이것을 선이라 알고 있지?" 곰곰이 들여다보면, 그것은 자신이 만든 것이 아니라 이미 세상이 만들어 놓은 선악을 그저 배워서 외운 것임을 깨닫게 된다.

명품 배우들의 연기를 보라. 그들의 감정이 진짜인지, 혹은 진짜가 아닌 것을 진짜처럼 보이게 하는 연기인지조차 우리는 헷갈린다. 그리고 그 감정에 매몰된다. 배우의 거짓된 눈물이 우리의 눈물이 되고, 영화 속 슬픔이 나의 슬픔이 된다. 이것이 바로 모방된 선, 연기된 의로움이다.

선을 노래하는 사람을 조심하라. "착함"을 입에 달고 사는 사람을 조심하라. "의리"를 과시하는 사람을 조심하라. 그들은 언제든지 당신을 나락으로 몰아넣을 수 있는 사람들이다. 그들이 내세우는 착함은 명품 배우의 연기처럼 치밀하게 꾸며진 허위일 뿐이다. 지금도 세상 곳곳에는 그런 명품 연기자들이 만들어내는 거짓된 착함과 의리를 진짜라고 믿고 따르는 이들이 너무도 많다. 진정 착하고 의로운 사람은 자신의 행동을 구분 지어 말하지 않는다. "나는 착하다", "나는 의롭다"라고 자랑하지 않는다. 그들의 선은 말해지지 않고, 그들의 의로움은 드러나지 않는다.

니체는 이를 숯과 다이아몬드에 비유한다. "우리는 가까운 친척이 아니던가?" 숯과 다이아몬드는 같은 탄소(C)로 이루어져 있다. 하지만 깊은 땅속의 높은 열과 압력을 견뎌낸 것은 다이아몬드가 되고, 견디지 못한 것은 숯으로 남는다. 낡은 서판을 부수고 스스로의 선악을 창조하기 위해서는 그 고열과 압력을 견뎌야 한다. 기존의 도덕과 가치, 세상의 규범에 굴복하지 않고 스스로의 판단과 언어로 서야 한다. 그때 비로소, 당신의 자유정신이 열린다.

차라투스트라는 이렇게 말했다.

4부 나를 만나서
15편 깨어 있는 자

철학의 언어 속에서 자주 등장하는 말 중 하나가 '깨어 있는 자'이다. 그러나 그것은 단순히 잠에서 일어나 활동하는 육체적 각성을 뜻하지 않는다. 니체가 말한 '깨어 있음'은 정신의 각성, 즉 자신의 영혼이 스스로를 자각하는 순간을 말한다.

그렇다면 어떤 상태를 깨어 있음이라 하고, 어떤 상태를 잠들어 있음이라 할 수 있을까? 니체는 마치 어머니가 늦잠 자는 아이를 깨워 학교에 보내듯, 끊임없이 "깨어나라! 깨어나라!"를 외친다. 그 외침은 단지 세속의 게으름을 꾸짖는 소리가 아니다. 그것은 잠든 영혼을 흔들어 깨우는 외침이다.

니체는 새로운 깨달음의 순간을 이렇게 표현했다.

"그대는 누워 있었고, 그대의 영혼은 부풀어 올라
모든 가장자리를 넘어 팽창했다."

마치 발효된 반죽처럼, 영혼이 스스로 팽창하며 커져 가는 상태 - 그것이 깨어 있는 자의 영혼이다. 당신이 매일 새롭게 세상을 신비롭게 바라본다면, 당신의 영혼은 매일 팽창하며 살아 있을 것이다. 그러나 대부분의 사람들은 이미 오래전에 그 신비로움을 잃어버렸다. 두 살의 당신이 보던 세상, 그때의 순수하고 경이로운 시선을 이제는 잊어버리고 말았다.

예순의 당신과 두 살의 당신 중, 도대체 어느 쪽이 진짜 '당신'인가? 만약 지금의 당신이 진짜라고 말한다면, 그 두 살의 당신은 어디로 갔는가? 어쩌면 당신은 스스로 그 아이를 잠재웠을 것이다. 세상에 맞추어야 한다는 이유로, 이제 아무도 그 아이를 반기지 않는다는 이유로 말이다. 그래서 니체는 끊임없이 외친다.

"그 아이를 깨워라."

그 두 살의 당신 - 세상과 하나였던, 모든 것이 신비로웠던 그 아이를 다시 불러내라. 왜냐하면 그 아이가 바로 초인이기 때문이다.

인간이 세상에서 처음 들은 소리가 무엇이던가? 엄마의 목소리였다.

"사랑한다, 아가야."

그 말은 세상의 첫 언어이자, 가장 신성한 진리였다. 엄마의 젖가슴에 안겨 들었던 그 따뜻한 소리, 그 순수한 진동 - 그것이 바로 깨어 있는 자가 느끼는 세상의 울림이다. 그러나 우리는 언제부턴가 세상을 둘로 나누기 시작했다. 옳고 그름, 선과 악, 나와 너. 그때부터 우리는 길을 잃었고, 영혼은 잠들었다.

모든 깨달음의 과정은 새로운 것을 배우는 과정이 아니다. 그것은 잊어버린 '나 자신'을 다시 만나는 여정이다. 세상을 분리하기 이전, 모든 것이 하나였던 시절의 나 - 그 영혼의 원형으로 돌아가는 것이다. 그것이 깨어 있는 자의 길이다. 분리된 세계에서 하나의 세계로 돌아가는 길, 잃어버린 두 살의 나를 다시 만나러 가는 길. 그 여행을 떠나라. 당신의 내면 깊은 곳에서 그 아이는 여전히 눈을 뜨고 기다리고 있다.

차라투스트라는 이렇게 말했다.

4부 나를 만나서
16편 단두대 위에서

인간은 스스로를 학대하는 유일한 존재다. 그리고 인간만이 자신을 비판하고 죄를 창조한다. 신이 죄를 만든 것이 아니다. 죄는 인간이 만들고, 인간이 스스로 그 죄를 숭배한다. 당신은 당신이 죄를 추앙하는 존재가 아니라고 자신 있게 말할 수 있는가?

세상에서 가장 재미있는 구경이 불구경과 싸움 구경이라 했다. 그러나 인간이 가장 즐기는 구경은 타인의 비극이다. 다른 사람의 죄를 들춰내고, 그 죄를 비판하며, 그 불행을 이야기할 때 우리는 묘한 쾌감을 느낀다.

스스로에게 물어보라. 당신의 대화 중 얼마나 많은 시간이 타인의 불행, 비극, 죄를 논하는 데 쓰이고 있는가? 우리는 거의 무의식적으로 누군가를 비난하고, 조롱하며, 판단하는 언어 속에 살아간다. 오늘날의 언론 또한 다르지 않다. 레거시 언론이든 개인 유튜브 방송이든, 모두가 경쟁하듯 타인의 죄를 들춰내고 폭로하는 데 몰두한다. 그것을 정의라고 포장하지만, 그 속에는 인간 내면 깊은 곳의 사디즘적 욕망이 숨어 있다.

니체는 이렇게 말한다.

"비극을 보고, 투우를 보고, 십자가 처형을 보며 인간은 가장 큰 행복을 느낀다."

중세의 광장에서 단두대 처형을 보기 위해 수많은 군중이 몰려들었던 이유가 무엇이었을까? 그것은 단지 잔혹한 구경이 아니라, 인간 내면 깊숙이 숨겨진 지옥의 충동을 즐기기 위함이었다. 초인이 되지 못한 인간은 자신에게 닥치지 않은 고통을 보며 위로를 얻는다. 타인의 불행을 보며 안도하고, 남의 비극을 보며 자기 삶에 감사한다. 그것이 인간이 가진 잔혹함이다.

그러나 더 무서운 것은, 인간이 타인의 죄를 비난하는 데 그치지 않고 스스로 죄를 만들어내며 즐긴다는 것이다. 없는 죄를 꾸며내고, 스스로 죄인이라 자책하며 그 고통을 도덕이라 착각한다. 도대체 누가 이토록 무거운 원죄의 멍에를 인간에게 덮어씌웠단 말인가? 니체는 그 굴레를 벗어던지기 위해 "최선을 위해서는 최악이 필요하다"고 말했다. 우리가 만들지도, 지지도 않은 죄 - 그것을 거부하기 위해선 '착한 자의 길'이 아닌 '저항자의 길'을 택해야 한다. 그것이 바로 최악을 선택하는 용기다.

타인의 죄를 재단하는 그 기준은 어디서 오는가? 만약 당신이 그 잣대를 들고 있다면, 다음 단두대 위에 설 사람은 바로 당신이다. 인간이 만든 죄의 사슬은 끊어내지 않는 한 전염병처럼 퍼져 세상을 오염시킨다. 그 죄는 코로나보다 강력하다. 우리는 스스로 만든 죄의 바이러스로 타인을 단두대에 세우고, 앞으로 태어날 모든 생명에게까지 그 원죄를 유전시키고 있다.

입에 타인의 죄를 달고 사는 사람을 경계하라. 그의 입에서 퍼지는 말은 독이며, 그 독은 당신의 영혼을 감염시킨다. 인간은 본래 죄를 창조하지 않았다. 우리가 지은 죄는 없다. 죄를 만든 것은 인간의 두려움이었고, 그 두려움을 신이라 부른 것이다.

차라투스트라는 이렇게 말했다.

4부 나를 만나서
17편 창공을 날아올라라

니체에 관한 글을 쓸 때마다 나는 스스로에게 묻지 않을 수 없다. "과연 나는 니체의 언어를 얼마나 이해하고 있는가? 그리고 얼마나 느끼고 있는가?" 때로는 이런 생각이 든다. 니체를 좋아한 한 초등학생이, 중·고등학교 과정을 거치지도 않고 곧바로 세계 최고 수준의 대학교에서 철학 교수의 강의를 듣는다면 그 아이는 과연 얼마나 이해할 수 있을까? 아마도 참담함과 벅참이 뒤섞인 마음이 아닐까. 나의 도전도 그와 같았다. 무모했지만, 멈출 수 없었다. 그리고 여전히 알 듯 모를 듯한 니체의 언어 속에서 서로 완전히 소통되지 않는 부분이 있음을 인정할 수밖에 없다.

그러나 나는 믿는다. 니체와 끊임없이 대화를 이어가다 보면, 조금 더 겸허히 그의 언어에 다가가다 보면, 언젠가 그 언어가 내 안에서 완전히 열리는 날이 오리라는 것을. 마치 영어 단어 하나 몰랐던 사람이 귀가 열리고, 머리가 열리고, 소리가 열려서 유창하게 말하게 되는 것처럼 말이다. 다만 독자들에게는 언제나 미안한 마음이 있다. 내가 니체의 언어를 완벽히 이해하지 못한 채 그의 사상을 전하고 있는 것은 아닐까? 혹여 그의 진정한 뜻을 왜곡하고 있는 것은 아닐까? 그 불안이 언제나 나를 긴장하게 만든다.

오늘 본문은 니체가 자신의 영혼과 나눈 대화다. 그의 말, "오, 나의 영혼이여." 이것은 니체 자신의 내면 깊은 곳에 대한 호명이다. 니체는 이 대화 속에서 그가 우리에게 남기고자 한 자유가 무엇인지, 그가 세상에 전하고자 한 메시지가 무엇인지 조목조목 일러준다. 그것은 우리 모두가 스스로의 영혼을 일깨워 완전한 자유에 이르기를 바라는 진심 어린 간절함이다.

그의 사랑은 마치 어머니의 무모한 사랑과 같다. 아이를 향한 엄마의 사랑은 조건이 없다. 그러나 아이는 그 사랑의 깊이를 알지 못한다. 그럼에도 엄마는 그 사랑을 주는 것만으로 행복하다. 우리는 생각해 본 적이 있는가? "내가 주는 사랑을 온전히 받아주는 그 존재"가 있다는 사실만으로 얼마나 감사한 일인가를. 삿된 머리로 사랑을 계산하며, 언젠가 되돌려받을 것을 기대하며 그 마음을 장부처럼 기록하고 있는 것은 아닌가? 사랑이란 주고받는 것이 아니다. 받아주는 그 존재가 있음으로써 비로소 완성되는 것이다.

니체는 이렇게 말한다.

"정신이라 불리는 폭풍우로서 나는 그대의 물결치는 바다 위로 날아갔다."

그는 우리의 정신세계를 얽매고 있는 수많은 사슬과 중력의 끈을 폭풍처럼 날려버리고자 했다. 우리의 자유를 가로막는 것은 외부가 아니다. 우리를 묶어놓은 것은 우리 자신이 만든 밧줄이다. 그 사실을 이해하는 순간, 당신의 자유는 이미 시작된다. 니체는 말한다.

"스스로의 밧줄을 끊어라."

세상과 자신을 묶고 있는 모든 도덕과 관습, 의무와 죄책의 사슬을 끊어라. 그때 당신은 창공으로 날아오를 것이다. 정신의 하늘에 끼어 있는 먹구름을 스스로 걷어내라. 그대의 영혼이 폭풍이 되어, 세상을 휘몰아치며 날아올라라. 그때 비로소, 완전한 자유가 당신의 눈앞에 펼쳐질 것이다.

차라투스트라는 이렇게 말했다.

4부 나를 만나서
18편 동정에 대하여

우리는 은연중에 동정을 베푸는 자가 동정을 받는 자보다 도덕적으로 우월하다고 생각한다. 누군가를 돕는 행위를 최고의 선으로 여기고, 이타적인 사람을 "살아 있는 부처", "살아 있는 예수"라 부르며 찬미한다. 그러나 니체는 이 부분에 대해 명확히 선을 그었다. 그는 이렇게 묻는다. "우리 중에 누가 고마워해야 한단 말인가? 받는 자가 받아들였다는 사실에 대해, 주는 자가 오히려 고마워해야 하지 않는가?"

진정한 사랑과 동정은 '주었다'는 생각조차 일어나지 않을 때 완성된다. 단 1%의 계산도, 1g의 자의식도 개입되지 않았을 때, 그것이 비로소 무한한 사랑이다. 어머니가 아이에게 사랑을 줄 때, 그 사랑을 '주고 있다'고 생각하지 않는다. 오히려 그 사랑을 받아주는 아이에게 감사한다. 그 감사의 마음, 그것이야말로 참된 사랑이다.

부처는 『금강경』에서 수보리에게 이렇게 말씀하셨다. "유주상 보시 복덕이면 즉비보살(有住相 布施 福德 乃非菩薩)." 즉, '내가 도와주었다'는 마음을 가지고 행한 보시는 보살의 도가 아니며, 그 복덕 또한 진정한 복이 아니다. 하지만 인간은 불완전한 존재다. "도와주었지만 도와준 적이 없다"는 마음을 갖기란 쉽지 않다. 그래서 우리는 '익명의 기부자' 이야기를 들을 때마다 감동한다. 이름을 밝히지 않고 선행을 실천하는 사람, 그가야말로 진정한 무심의 보시를 행하는 자다.

생각해보라. 세상에 내 사랑과 동정을 받아주는 이가 있다는 것, 그 자체가 얼마나 고마운 일인가? 내가 도와주는 마음조차 잊은 채 누군가를 도왔다면, 그 행위는 주는 자에게도, 받는 자에게도 얼마나 아름다운 일이겠는가. 우리는 누군가에게 받은 은혜를 편의점 카드 영수증보다 가볍게 잊어버리면서, 정작 자신이 베푼 작은 은혜는 태산보다 크다고 여긴다. 그렇다면 그 마음에서 어떤 복덕이 생기겠는가?

'은혜를 베푸는 자는 선하다'는 고정 관념에 사로잡히면 그 또한 또 다른 선악의 굴레가 된다. 참된 선악은 고정된 도덕의 명제가 아니라, 그 순간마다 창조되는 살아 있는 가치다. 동정 또한 선악의 기준이 아니라, 그 사람의 의식의 깊이를 드러내는 거울일 뿐이다. 그러나 우리는 인간이다. 누군가를 돕고, 그에 대해 완전히 무심할 수는 없다. 그럼에도 자신의 조그마한 선행을 부풀려 스스로를 의롭다 여기고, 받은 은혜는 헤아리지 못한 채 산다면 그 삶은 결국 비참해질 것이다.

해마다 새해가 오면 우리는 인사한다. "새해 복 많이 받으세요." 하지만 니체적 관점에서 본다면, 복을 '받는' 인생은 불행한 인생이다. 복을 받는다는 것은 세상에 빚을 지는 일이기 때문이다. 우연한 행운이나 큰 복덕이 당신의 삶에 찾아왔다면, 그것을 두 손에 꽁꽁 쥐지 말고 누군가에게 돌려주어라. 복은 쌓아둘수록 썩는다. 복은 흘려보낼 때, 그 에너지가 다시 돌아온다. 마치 물리학의 질량 보존의 법칙, 에너지 보존의 법칙이 존재하듯 인간의 삶에도 복덕(福德) 보존의 법칙이 있다. 복을 나누지 않고 계속 받기만 한다면 그 복은 결국 화(禍)로 변한다. 끝없는 복락이 계속되는 삶은 곧 다가올 불행의 예고편이다.

그러니 새해에는 이렇게 인사하라. "새해 복 많이 지으세요." 복을 받기보다, 복을 만들어내라. 그 복을 쌓지 말고 나누어라. 모든 것은 쌓아두면 독이 되듯, 동정도, 복도, 사랑도 흘려보낼 때 빛난다.

차라투스트라는 이렇게 말했다.

4부 나를 만나서
19편 삶을 사랑하라

니체의 언어는 언제나 삶을 사랑하는 언어로 가득 차 있다. 그의 문장 하나하나에는 삶과의 치열한 밀당, 그리고 그 밀당 속에서 태어나는 생의 찬미가 깃들어 있다. 그는 말한다. "가까이 있으면 그대가 두렵고, 멀리 있으면 그대가 그립다." 이 얼마나 삶과의 관계를 절묘하게 표현한 말인가. 그는 삶을 미워하면서도 사랑하고, 벗어나려 하면서도 매달린다. 니체에게 삶은 사랑이자 시련이며, 동시에 영원한 연인이다.

대부분의 사람들은 죽음과는 대화하지 않지만, 더 큰 문제는 삶과도 대화하지 않는다는 것이다. 우리는 하루하루를 그저 버티며, 무거운 짐을 진 낙타처럼 살아간다. 하지만 어쩌면, 그 무거운 짐을 묵묵히 짊어지고 가는 낙타의 인생이야말로 아직은 거룩한 인생인지도 모른다. 왜냐하면 세상에는 자기 삶의 책임조차 외면하며 모든 잘못을 세상 탓, 남 탓으로 돌리는 자들이 너무도 많기 때문이다. 그들은 스스로 만든 혼란 속에서도 한 번도 반성하지 않는다. 그런 자들은 차라리 태어나지 말았어야 했다. 만약 인간이 세상에 태어나기 전에 "삶에 대한 자격시험"을 치른다면, 그들은 결코 통과하지 못했을 것이다.

삶을 찬미할 자격은 누구에게 있는가? 그것은 자신의 삶을 사랑하는 사람에게만 주어진다. 삶이 원하는 방향대로 흘러가지 않더라도, 그 불완전한 삶을 끝까지 끌어안고 사랑할 수 있는 사람, 그가 진정으로 축복받은 자다. 연애를 떠올려보라. 당신은 사랑하는 사람의 마음을 얻기 위해 얼마나 오랜 시간 밀당을 했던가. 삶 또한 그와 같다. 삶은 당신을 시험하고, 밀어내고, 때로는 외면하지만, 당신이 그 삶을 다시 붙잡는 순간, 그 안에서 사랑은 다시 피어난다.

우리는 너무 자주 삶의 의미를 해석하려 한다. 그러나 삶은 해석하는 것이 아니라 춤추는 것이다. 음악이 흐르면 그저 춤을 추면 된다. 왜 춤을 추는지, 언제 끝날지, 그 춤이 나에게 어떤 의미가 있는지를 굳이 묻지 마라. 그저 리듬에 몸을 맡기라. 그것이 인생이다.

니체는 이렇게 말했다.

"그대의 채찍을 그렇게 무시무시하게 휘두르지 마라. 그대는 알지 못하는가? 소란과 법석이 사상을 죽인다는 것을."

우리는 스스로 만든 '옳음'의 이름으로 얼마나 많은 시간을 낭비하고 있는가? 자신이 정하지도 않은 도덕, 스스로 동의하지도 않은 규범을 지키겠다고 얼마나 많은 날을 소란 속에 태워버리고 있는가? 인생은 그렇게 낭비하기엔 너무 짧다.

니체가 자신의 삶을 마치 제3자의 시선으로 관찰했던 방식, 그것이야말로 가장 완전한 성찰의 자세다. 우리는 타인의 삶을 보며 "왜 저렇게 힘겹게 사는가"라며 안타까워하지만, 정작 우리의 인생도 남의 눈에는 똑같이 보인다. 그 사실을 깨닫지 못할 뿐이다. 삶과 잘 지내는 방법은 단 하나다. 삶을 사랑하는 것. 자신조차 사랑하지 못하는 사람이 어떻게 다른 이를 사랑할 수 있겠는가? 삶을 사랑하라. 그대의 춤추는 인생을 사랑하라. 이것이 모든 현자들이 우리에게 남긴 마지막이자 최초의 조언이다.

차라투스트라는 이렇게 말했다.

4부 나를 만나서
20편 창조 에너지

니체는 본문에서 "예언자로서 나는 무거운 비구름처럼 과거와 미래 사이를 방랑한다"라고 말했다. 미래를 예언하려는 자는 언제나 광인(狂人)이라 불리거나, 넘치는 자라 불린다. 그러나 니체의 '예언'은 신비한 예지나 초월적 계시가 아니다. 그것은 스스로의 삶을 통찰하고, 그 통찰의 무게 속에서 새로운 가치를 잉태하는 창조의 에너지를 말한다.

수많은 사람들은 국가의 미래, 타인의 미래, 혹은 지구의 미래를 예언하려 한다. 때로는 인간이 알 수 없는 사후 세계의 미래까지도. 그러나 그토록 미래를 예측하기 위해 애쓰면서 정작 현재의 순간, 즉 과거의 미래였던 지금 이 시간을 진정 살아본 적이 있는가? 당신의 현재는 과거의 미래였다. 그렇다면 지금의 당신은, 당신이 과거에 예언하던 그 미래의 삶을 살고 있는가? 그리고 오늘의 당신이 예언하는 미래는 또 어떤 모습으로 다가올 것인가?

진정 자신의 미래를 예언할 수 있는 자는 비를 머금은 무거운 구름처럼 시간의 무게를 견딜 줄 아는 자다. 충분히 무거워지지 않은 구름은 결코 비를 내리지 못한다. 구름이 비를 품기 위해선 수많은 수증기를, 즉 수많은 사유와 통찰의 순간들을 흡수해야 한다. 그렇게 깊은 숙성과 고요한 기다림의 시간을 지나야만 비로소 창조의 비가 내린다.

니체는 말했다. "나는 지금껏 단 한 번도 내 아이를 낳고 싶은 여자를 찾지 못했다." 그가 말한 '여자'는 생물학적 존재가 아니다. 그것은 창조 에너지의 원형을 상징한다. 세상 모든 생명은 여성성으로부터 태어난다. 어머니의 자궁 속 열 달은 단지 생존의 시간이 아니라, 탄생을 준비하는 시간이다. 진정한 삶은 어머니의 뱃속을 벗어나 세상으로 나오는 순간부터 시작된다. 이처럼 여성성은 모든 창조의 근원이며, 모든 창조적 행위는 내면의 '여성적 에너지'를 통해 태어난다.

'불임(不姙)'이란 단지 생물학적 기능의 결핍만이 아니다. 어떠한 창조의 에너지도 생성하지 못하는 상태, 그것이 정신적 불임이다. 니체가 경계한 것은 바로 이러한 정신의 불임, 즉 창조하지 못하는 중립적 인간이다. 요즘 우리는 '중도', '중립'을 고상한 덕목으로 착각한다. 그러나 니체에게 그것은 창조의 부재이며, 새로운 생명을 낳지 못하는 불임의 상태다. 인간은 결코 완전한 중립을 유지할 수 없다. 중립이라 말하는 순간, 이미 그 사람은 창조를 포기한 자, 생명을 멈춘 자가 된다.

물론 모든 일에 대해 입장을 표명해야 하는 것은 아니다. 관심도 없고 알지도 못하는 일에 굳이 목소리를 낼 필요는 없다. 그러나 스스로 창조하고자 하는 문제 앞에서는 결코 중립일 수 없다. 그때는 결단해야 한다. 그 결단이야말로 창조의 시작이다. 니체가 말한 "내 아이를 낳고 싶은 여자"란 그의 사상을 현실로 잉태시킬 수 있는 창조의 에너지였다. 생명을 낳듯 사상을 낳는 것, 그것이 진정한 창조의 행위다.

그는 또한 말했다. "경계석들을 밀쳐버리고, 낡은 서판들을 가파른 골짜기로 굴려 박살 내버렸다면…" 이 문장은 니체 철학의 핵심을 압축한다. 잘못된 가치의 파괴 없이는 새로운 창조도 없다. 낡은 서판을 부수지 못하는 자는 결코 새로운 언어를 새길 수 없다. 진정한 파괴는 단순한 부정이 아니라, 창조의 전제 조건이다. 스스로의 내면에서 낡은 가치의 서판을 부수고, 그 자리에 새로운 세계를 세워라. 그것이 니체가 말한 창조의 에너지, 삶을 잉태하는 불꽃이다.

차라투스트라는 이렇게 말했다.

4부 나를 만나서
21편 이 대지를 사랑하라

만약 당신이 이 우주를 창조할 수 있는 창조자 그룹의 일원이었다면, 당신은 무엇을 창조하고 싶었을까? 상상 속에서는 누구나 창조자가 된다. 하지만 그 상상이 고작 자신의 안위, 로또 당첨, 혹은 세상에서 가장 아름다운 여자를 얻는 꿈에 머문다면 그것은 욕망의 장식품일 뿐, 진정한 창조의 열정이라 할 수 없다. 진짜 창조란 우주의 질서를 새롭게 그리는 행위, 즉 삶 전체를 예술로 빚어내는 일이다.

니체가 차라투스트라의 입을 통해 말한 것도 바로 이 창조의 유희였다.

"일찍이 내가 '대지'라는 신들의 탁자 위에서
대지가 진동하고 무너지고, 불의 흐름이 솟구칠 만큼
신들과 주사위 놀이를 했다면…"

여기서 '대지'란 우리가 발 딛고 사는 현실 세계를 뜻한다. 그리고 '신들과의 주사위 놀이'는 세상에 이미 정해진 필연이란 없음을, 삶이란 오직 실시간 창조의 연속임을 의미한다. 만약 우리가 던질 주사위의 숫자를 미리 알고 있다면, 그 주사위 놀이는 더 이상 놀이가 아니다. 삶도 마찬가지다. 만약 내일, 혹은 10년 뒤, 혹은 죽음 이후까지의 모든 일을 미리 안다면 그 삶은 더 이상 살아 있는 삶이 아닐 것이다. 삶의 신비는 모름 속에 있고, 그 모름이 우리를 창조로 이끄는 에너지다.

니체는 유일신 신앙이 말하는 "신의 뜻대로 정해진 운명"을 거부했다. 그는 물었다. "당신의 삶이 이미 누군가에 의해 창조되어 있다면, 당신은 그런 삶을 살 수 있겠는가?" 삶은 누군가의 설계도가 아니다. 당신의 과거도, 현재도, 미래도 그 누구의 창조물도 아니다. 당신 자신이 모든 순간의 창조자다. 우리가 이 대지를 사랑해야 하는 이유가 바로 여기에 있다.

니체는 또 이렇게 표현한다. "저 거품 부글거리는 양념 섞는 항아리로부터 실컷 마셨다면." 이 말은 세상의 모든 다름을 섞어 화해시키는 창조자의 기쁨을 말한다. 서로 다른 사상, 종교, 이념, 철학, 그리고 서로 다른 인간들 사이의 차이 - 그 모든 양념을 섞어 조화의 술을 빚어내는 것, 그것이 바로 구원이며 창조다. 우리는 너무 자주 나와 다른 사람을 설득하려 하고, 나와 다르게 생각하는 이들을 교정하려 한다. 그러나 그것은 타인의 삶을 대신 창조하려는 오만이다.

니체는 이런 인간을 향해 말한다.

"양념 섞는 항아리 속에서 모든 사물을 잘 섞이게 하는 저 구원은
소금 한 알갱이라면,
선과 악을 결합시키는 그 소금이야말로
최악의 것을 양념으로 만들어
거품을 넘쳐흐르게 할 능력이다."

즉, 세상은 고정된 선과 악, 도덕의 잣대로 나뉘어 있지 않다. 삶의 모든 순간은 실시간으로 창조되며, 그 안에서 선이 되기도, 악이 되기도 한다. 그러나 사람들은 그것을 감히 고정시키려 한다. 그리하여 선악의 이름으로 서로를 판단하고, 서로를 구분하며, 서로를 공격한다. 단호히 말하건대, 고정된 선악은 존재하지 않는다. 모든 선악은 흐르고, 변화하며, 순간마다 새로 창조된다. 이 사실을 깨닫는다면, 세상의 다툼은 사라지고 모든 인간은 서로 다른 양념처럼 섞여 하나의 새로운 조화를 빚어낼 수 있을 것이다. 세상은 섞이지 못함으로 다툰다. 그러나 모든 인간이 실시간 창조자임을 인정한다면, 우리는 결코 섞이지 못할 이유가 없다.

진정한 창조자는 이미 정해진 주사위의 숫자를 바라는 자가 아니라, 스스로 던진 주사위가 어떤 숫자를 보여주든 그 결과를 있는 그대로 받아들이는 사람이다. 삶을 던져라. 그리고 그 결과를 사랑하라. 그것이 곧 이 대지를 사랑하는 법이다.

차라투스트라는 이렇게 말했다.

4부 나를 만나서
22편 춤추는 인생

만약 인간에게 탐구의 쾌락이 없다면, 미지의 세계를 향한 갈망의 불꽃이 꺼져버린다면, 그 삶은 어떻게 지속될 수 있을까? 아침에 눈을 뜨는 이유, 하루를 시작하는 의미, 그 모든 것은 아직 만나보지 못한 세계에 대한 갈망 때문이다. 만약 그 갈망이 사라진다면, 그것은 더 이상 항해하지 않는 배, 그저 망망대해에 정박해 있는 죽은 배와도 같다. 인간의 삶이란 나침반 없는 항해와 같다. 아직 정해지지 않은 항구를 향해 끝없는 파도를 가르며 나아가는 여정이다. 하지만 그 항해에 오를 용기조차 없는 삶, 그것은 사는 것이 아니라 매일 시간을 죽이는 일이다. 니체는 이런 삶을 "말종 인간의 삶"이라 불렀다.

그럼에도 불구하고, 대부분의 사람들은 예측 가능한 미래를 원한다. 그리고 그 예측 가능한 미래를 확보하기 위해 온갖 보험, 제도, 안전장치를 만들고 거기에 안도한다. 그러나 그것은 달콤한 착각이다. 어떤 보험 상품도, 어떤 제도도 당신의 삶을 예측 가능한 삶으로 만들어줄 수 없다. 만약 인공지능에게 모든 사람에게 완벽하게 맞는 '미래 보장형 보험'을 만들라고 한다면, 그 무한대의 연산 끝에 내놓을 답은 단 하나일 것이다. "당신이 원하는 그런 보험 상품은 없습니다." 삶은 계산할 수 있는 확률의 문제가 아니라, 춤추는 순간의 예술이기 때문이다.

그렇다면 왜 니체는 "삶에 대해 춤추지 못하는 인간"을 경계했을까? 그것은 당신 스스로 삶을 너무 무겁게 만들었기 때문이다. 삶이 축복이 되기 위해서는, 삶이 춤이 되기 위해서는, 무엇보다 가벼워져야 한다. 그렇다면 어떻게 하면 가벼워질 수 있을까? 없는 것을 만들어내려 하지 말고, 있는 것을 부정하지 마라. 이미 지나간 일에 "만약"이라는 상상을 덧붙이지 마라. 엎질러진 물은 다시 담을 수 없다. 그것이 불행이든 행복이든 마찬가지다.

니체는 말한다. "모든 삶의 알파이자 오메가는, 바로 가벼워지는 것이다." 삶을 가볍게 한다는 것은 이미 지나간 과거의 시간을 짊어지지 않는 것이며, 아직 오지 않은 미래를 걱정하지 않는 것이다. 왜냐하면 인간이 진정 만날 수 있는 시간은 과거도 미래도 아닌 오직 지금 이 순간뿐이기 때문이다. 현재는 그 누구의 창조물도 아니다. 지금 이 순간은 오직 당신이 직접 창조하는 시간이다. 그 순간에 머무를 때, 비로소 당신의 삶은 가벼워지고, 그 가벼움 속에서 춤추기 시작한다. 당신의 삶을 춤추게 하라. 그리고 그 춤을 사랑하라.

차라투스트라는 이렇게 말했다.

5부

그래도 인간을 너무나 사랑해서

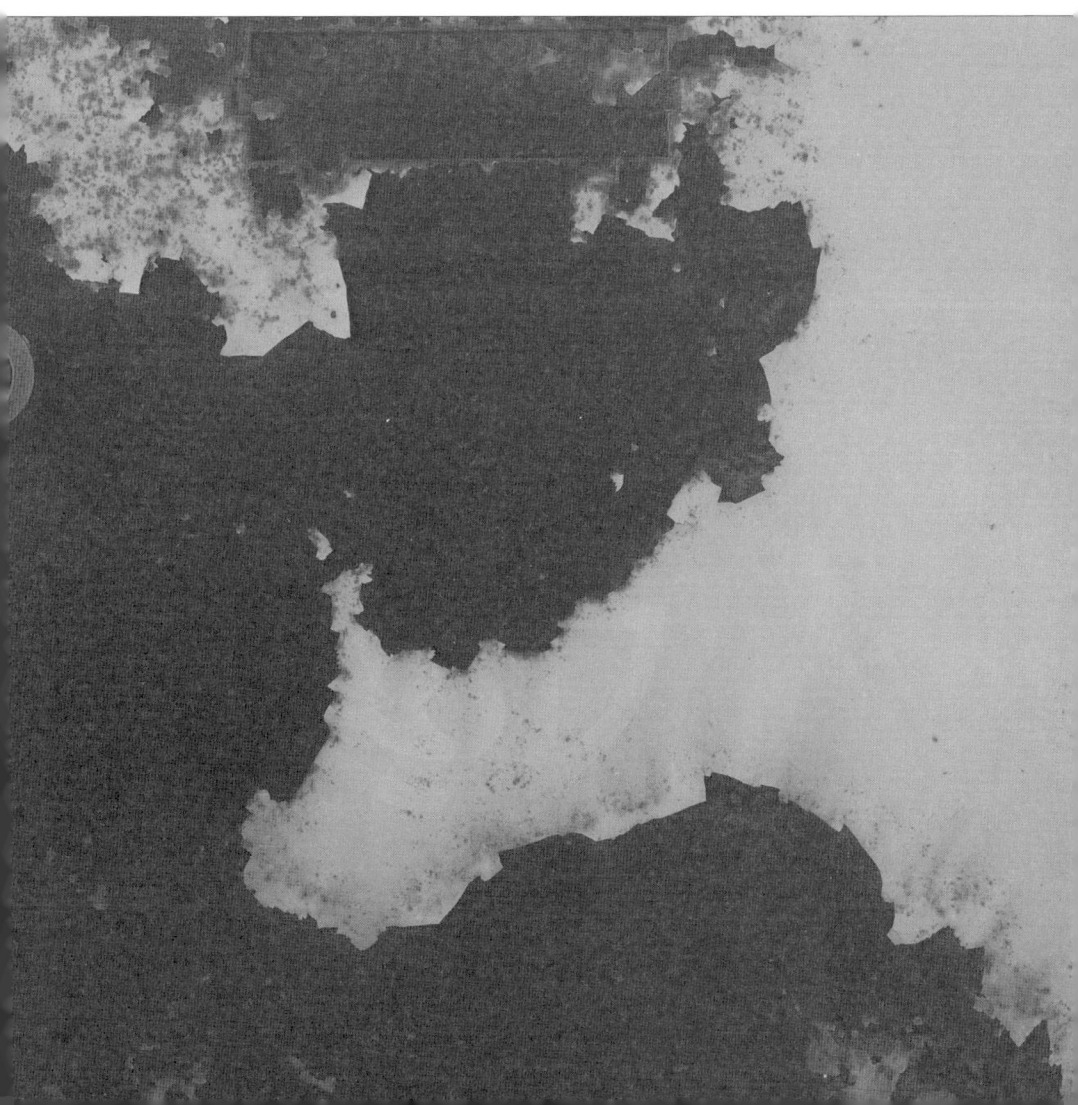

5부 그래도 인간을 너무나 사랑해서
1편 너 자신이 되어라

차라투스트라에게도 시간이 많이 흘러간 것 같다. 그는 이제 많이 늙었다. 그리고 말한다.

"나는 더 이상 행복에 뜻을 두지 않은 지 오래다."

1부와 2부에서, 차라투스트라는 산속에서 10년 동안 수행을 했다. 그리고 마침내 깨달음을 얻은 그는, 그 깨달음을 세상 사람들에게 전하기 위해 산을 내려왔다. 자신이 발견한 진리를 기쁘게 가르치려 했으나, 그의 말을 이해하는 사람은 아무도 없었다. 그는 답답했다. 자신이 사랑하는 인간들이, 그토록 애써 얻은 깨달음을 이해하지 못하는 현실에 실망했다. 때로는 '이 어리석은 인간들을 포기해야 하나' 하는 마음마저 들었다. 그러나 차라투스트라는 인간을 사랑했다. 그래서 포기하지 않았다. 그는 믿었다. 말종 인간이라 불리는 자들도, 언젠가 위버멘쉬 - 초인으로, 디오니소스적 긍정을 깨닫는 인간으로 성장할 수 있다고.

그리고 이제 마지막 4부에서 그는 이렇게 말한다. "이제 내가 너희들을 찾아갔으니, 이제는 너희들이 나를 찾아오라." 그는 말한다. "나는 산에서 내려와, 너희에게 수없이 많은 말을 했다. 말종 인간이 어떻게 초인으로 태어날 수 있는지를 가르쳤다. 그러나 내 말을 이해한 자는 적었다. 이해했다 해도, 실천하는 자는 거의 없었다." 그래서 차라투스트라는 다시 산으로 올라가겠다고 선언한다. "이제는 인간들이 나에게로 올라오는 것이 좋겠다." 그는 세상에 외친다. "나는 다시 산에 오르겠다. 필요한 사람만, 나를 찾아와라."

이 모든 설교를 한 문장으로 요약하자면 니체가 우리에게 전하고자 한 말은 단 하나다.

"그대의 본래 모습 그대로 되라."

그렇다면 니체가 말한 '본래의 모습'이란 무엇인가? 필자의 생각에, 그것은 불교에서 말하는 본무자성(本無自性), 즉 '정해진 본질이 없는 존재'와 다르지 않다. 인간은 태어날 때부터 규정지어진 것이 아무것도 없다. 모든 것은 매 순간, 세상과의 만남 속에서 자신의 의식과 감각, 그리고 의지에 따라 새롭게 결정된다.

그러나 말종 인간은 이 사실을 이해하지 못한다. 그들은 이미 모든 것이 정해져 있다고 착각한다. 그래서 일이 뜻대로 되면 기뻐하고, 뜻대로 되지 않으면 분노한다. 하지만 그것은, 산꼭대기에 올라가 낚시를 던지며 고래를 잡겠다는 것과 같다. 고래는 산속에 없다. 자신이 서 있는 곳이 바다가 아니라면, 아무리 낚싯줄을 드리워도 고래를 만날 수 없다. 세상의 모든 일은 인연에 따라 이루어지기도 하고, 이루어지지 않기도 한다. 그것을 깨달아야만, 비로소 니체가 말한 "너 자신이 되어라"라는 말의 참뜻이 당신의 삶 속에

디지털 시대에 다시 만난 니체

서 현실이 될 것이다.

실시간으로 새롭게 창조되는 삶, 그것은 아무것도 정해지지 않은 무(無)에서 탄생한다. 그 어떤 기준에도 얽매이지 않은 자유로운 삶을 살고 싶은가? 그렇다면, 니체의 이 한마디를 기억하라.

"너 자신이 되어라."

차라투스트라는 이렇게 말했다.

5부 그래도 인간을 너무나 사랑해서
2편 영혼의 꿀단지

형이상학적 언어를 좋아하는 사람들이 있다. 그들은 마치 심연의 깊은 곳에서만 특별한 언어가 솟아오른다고 믿는다. 그러나 심연의 언어란 철학자나 성인만의 것이 아니다. 밭을 가는 농부에게도, 고기를 잡는 어부에게도, 길을 무심히 걷는 사람이나 시장에서 장사하는 이에게도 그 심연의 언어는 똑같이 올라온다. 심연의 소리를 듣는 사람이 그렇지 않은 사람보다 더 고결하거나 더 존귀한 것은 아니다. 그것은 단지 들을 준비가 되어 있는가, 아니면 스스로 귀를 막고 있는가의 차이일 뿐이다. 철학을 안다고 자처하면서 현학적인 말로 사람을 혼란스럽게 만드는 이들이 있다. 그들은 논리를 논리로 포박하여 진리를 가리는 언어의 안개를 만들어낸다. 니체는 그런 자들을 향해 혹세무민(惑世誣民)하는 자들이라 경고했다.

니체는 본문에서 이렇게 말한다. "짐승들은 바깥세상을 이리저리 돌아다니며 새 꿀을 포함한 새로운 먹이를 구하고 있었다." 세상 사람들 또한 저마다의 방식으로 자신의 꿀을 구하며 살아간다. 그리고 각자는 말한다. "내가 먹는 꿀이 세상에서 가장 달고 맛있는 꿀이다." 그러나 남의 꿀단지가 아무리 달고 향기로워도, 그것은 결코 내 꿀단지의 꿀맛을 대신할 수 없다. 내 꿀단지의 꿀은 내가 만들어내야 한다.

차라투스트라가 마지막 한 방울의 꿀까지 써 버리고 낭비한 이유가 무엇인가? 그것은 지나간 시대의 사람들 - 이미 죽어버린 이들의 꿀로는 지금 이 순간의 삶을 달게 만들 수 없다는 뜻이다. 아무리 닮고 싶은 삶이 있다 해도 그들이 살아 있던 시간은 이미 사라졌다. 그들의 꿀단지는 그들의 것이었고, 당신의 꿀단지는 지금 여기, 이 순간 당신의 손으로 채워야 한다.

당신의 꿀은 지금 이 순간에 있다. 당신이 하고 있는 일, 함께 하고 있는 가족, 마주하고 있는 사람들, 읽고 있는 책, 보고 있는 영화, 당신의 눈에 들어오는 보름달 속에, 이미 꿀은 녹아 있다. 그 꿀은 때로는 똥 기저귀의 냄새를 품고, 때로는 안락한 침대의 포근함으로 다가오며, 때로는 소주 한 잔의 쏘는 맛으로, 때로는 잭 다니엘 하이볼의 향으로 다가온다. 일상은 언제나 달콤하지 않다. 때로는 쌉싸래하고, 때로는 눈물겹고, 기쁨과 슬픔, 달콤함과 고통이 뒤섞여 있는 그 모든 꿀맛이 곧 당신의 삶이다. 특별한 꿀을 찾아 세상을 떠돌며 '더 달콤한 꿀단지'를 꿈꾸는 사람, 그의 꿀단지는 영원히 비어 있을 것이다.

오늘을 사랑하는 자, 지금을 사랑하는 자, 곁에 있는 사람을 사랑하는 자, 지금 하고 있는 일을 사랑하는 자 - 그가 바로 위버멘쉬다.

차라투스트라는 이렇게 말했다.

5부 그래도 인간을 너무나 사랑해서
3편 상류사회 말종들

본문에 등장하는 왕들처럼, 우리 또한 허울뿐인 껍데기에 집착하며 스스로 세상의 왕이라 착각하고 살아간다. 그러나 실상은 왕 두 명과 나귀 한 마리로 구성된 초라한 왕국의 주인일지도 모른다. 언제부터인가 대한민국 사회에서도 '귀족'이라는 단어가 아무렇지 않게 쓰이기 시작했다. 마치 오래전부터 존재했던 고유의 개념처럼. 하지만 본래 '귀족'이란 단어는 우리 조상들의 언어에는 존재하지 않았다. 우리는 스스로 세상을 상류 사회와 일반 사회로 나눈다. 그리고 상류 사회에 속한 사람을 '귀족'이라 부르며, 수많은 이들이 그 세계로 들어가기 위해 자신의 온 힘을 다해 달려간다.

그러나 본문 속의 초라한 왕들은, 그 허울뿐인 삶에 염증을 느끼고 진정한 자신을 찾기 위해 길을 떠난다. 그들이 도망친 것은 권력이나 재물이 아니라, 바른 예절과 상류의 허위의식이었다. 왜일까? 사람들은 '예절'이 언제, 왜 생겨났는지도 모른 채 그저 그것을 지키는 것이 도리라고 믿는다. 자신의 의지와 상관없이, 타인의 시선에 맞추기 위해 스스로를 포장하며 살아간다. 장례식의 허례허식, 결혼식의 과시, 혼수 문제로 결혼이 깨지는 현실 - 우리는 얼마나 많은 삶의 영역을 '예절'이라는 옷으로 가려 왔는가?

진정한 예절이란, 그 옷을 입은 자신이 불편하지 않아야 한다. 보여주기 위한 예절은 예절이 아니다. 예의가 지나치면 주객이 전도된다. 당신의 인간관계가 당신의 삶을 옭아매지 않으려면, 예절과 관계의 함수 속에서 유연함을 잃지 말아야 한다. 상황에 따라 태도가 달라질 수 있다는 것을 인정하라. 그 유연함이야말로 진정한 품격이다. 드레스가 없어 파티에 참석하지 못한다고 해서 당신의 인생이 하류로 떨어지는 것은 아니다. 턱시도가 없어 초대받지 못한 자리를 굳이 찾아가지 않아도 된다. 그런 파티에 가지 않는 삶이, 오히려 당신을 더 자유롭게 한다. 상류 사회가 요구하는 '좋은 예절'이 당신을 구속한다면, 그것은 이미 예절이 아니라 속박이다. 타인의 시선이 아닌, 자신 스스로에게 예의를 지키는 삶 - 그것이야말로 진정한 자유인의 예절이다.

차라투스트라는 이렇게 말했다.

5부 그래도 인간을 너무나 사랑해서
4편 건강한 농부

니체가 말한 '농부'라는 직업이 지닌 상징적 의미는 무엇일까. 농부는 콩을 심어 놓고 팥이 열리기를 바라지 않는다. 사과나무에서 귤이 열리기를 꿈꾸지도 않는다. 태풍이 불어 농사가 망해도, 그는 다음 해가 되면 다시 씨를 뿌리고 밭을 일군다. 농부는 니체가 사랑한 대지와 함께 사는 사람이다. 대지는 모든 생명의 근원이며, 탄생과 죽음, 순환의 수레바퀴가 끊임없이 돌아가는 자리다.

그러나 천민적 인간들은 다르다. 그들은 자신이 콩을 심어 놓고도 그 밭에서 금이 열리기를 바란다. 노력은 배신하지 않는다는 단순한 진리를 망각한 채, 적은 노력으로 많은 수확을 얻으려 한다. 그 욕망이 인간을 얼마나 천박하게 만드는가. 그런 자들은 자신의 대지 위에 아무 씨앗도 뿌리지 않는다. 그저 열매가 저절로 맺히기를 바란다. 그것이 바로 게으름의 미학으로 포장된 천민의 환상이다.

오늘날 수많은 사람들이 자신의 요구 조건을 관철시키기 위해 거리로 나선다. 그러나 그들의 외침은 진정한 권리 회복의 목소리라기보다, 부풀려진 분노와 소란의 향연일 뿐이다. 광우병 시위, 후쿠시마 원전 시위, 혹은 혐오 시설 유치를 반대하는 지역 시위들 - 그 속에 진정한 '정의'가 얼마나 남아 있는가? 대부분의 군중은 자신이 세상에서 가장 정의로운 싸움을 하고 있다고 믿지만, 그것은 소란일 뿐이다. 그리고 그 소란 뒤에는 군중을 선동해 자신의 명예욕을 채우려는 리더들이 있다. 그들은 군중의 고통에는 관심이 없다. 오직 자신의 존재감을 증명하기 위한 도구로 군중을 이용할 뿐이다.

글을 쓰는 자들 또한 다르지 않다. 언론과 평론가, 애널리스트라 불리는 이들 - 그들이 과연 진실을 있는 그대로 쓰고 있는가? 아니면 자신이 원하는 세상을 만들기 위한 도구로서 펜을 휘두르고 있는가? 니체는 이들을 향해 날카롭게 말했다. "제기랄, 천민들 사이에서 으뜸인 척하다니." 이른바 '지식인'이라 불리는 자들은 얄팍한 논리와 현란한 말재주로 수많은 군중의 정신을 혼란스럽게 만든다. 그러나 정작 그들의 말이 얼마나 많은 사람들에게 독이 되고 있는지 모른다.

시끄러운 세상 속에서도 고요를 지키는 방법, 그것은 오직 농부의 시선으로 대지를 바라보는 것이다. 콩 심은 데 콩이 나고, 팥 심은 데 팥이 나는 단순한 진리를 믿는 것. 대지는 정직하고 성실한 자를 결코 배신하지 않는다. 그리고 그 진리 위에만, 니체가 말한 건강한 인간, 위버멘쉬의 씨앗이 자란다.

차라투스트라는 이렇게 말했다.

5부 그래도 인간을 너무나 사랑해서
5편 위대한 전쟁

수많은 사람들이 말한다. "전쟁은 싫다, 평화가 좋다." 하지만 진정한 평화는 전쟁 속에서만 가능하다. 전쟁 없이 평화를 얻을 수 있겠는가? 니체가 말한 전쟁은 국가 간의 전쟁이 아니다. 우리는 이미 각자의 내면에서, 그리고 사회 속에서 수많은 전쟁을 치르고 있다. 그중에서도 가장 위대한 전쟁은 잘못된 낡은 이상과 가치를 때려 부수는 전쟁이다. 세상의 전도된 가치 앞에서 침묵하는 자는 결코 자유로워질 수 없다. 거짓되고 과대 포장된 과거의 가치로부터 진정한 평화를 얻고자 한다면 당신은 반드시 칼을 빼들 용기를 가져야 한다.

니체는 이렇게 말했다.
"무엇이 선한가? 용감한 것이 선하다."
"좋은 전쟁은 모든 구실을 신성하게 만든다."

진정한 선함은 용기에서 나온다. 그러나 오늘날 우리는 언제부터인가 나약한 사람을 '선한 자'로, 강하고 용기 있는 사람을 '악한 자'로 착각하며 살아왔다. 당신을 괴롭히는 것은 세상이 아니다. 세상의 천민들이 만들어 놓은 왜곡된 가치들이다. 그것을 과감히 부수는 용기, 그것이야말로 진정한 평화를 쟁취하는 길이다.

고요는 소란의 반대편에 있지 않다. 진정한 고요란, 소란 속에서 피어난 꽃이다. 당신이 태어난 이후 단 한 번도 소란을 경험하지 못했다면 어떻게 고요의 의미를 알 수 있겠는가? 내면의 평화를 원한다면 세상의 잘못된 가치와 싸워야 한다. 그것은 단지 말로 하는 전쟁이 아니다. 당신을 옭아매는 수많은 가치의 사슬을 스스로 벗어던지는 행위다. 그 멍에는 남이 씌워준 것이 아니라 당신 스스로 선택한 것이다.

이제 스스로에게 물어보라. 당신의 삶에서 가장 중요한 가치는 무엇인가? 그리고 그것을 왜 그렇게 여기는가? 그 가치 중 당신이 직접 창조한 것은 있는가? 그렇지 않다면, 왜 타인이 만든 가치를 지키기 위해 그토록 애쓰는가? 그것이 무너진다고 해서 당신의 삶이 무너지는가? 세상의 잘못된 가치와의 전쟁을 피하지 마라. 그 전쟁을 피하고 얻는 평화는 이미 죽은 평화다. 전도된 가치에 맞서라. 그 전쟁을 선포하는 자만이 진정한 자유와 평화를 얻을 수 있다.

차라투스트라는 이렇게 말했다.

5부 그래도 인간을 너무나 사랑해서
6편 거머리

니체는 본문에서 지식이 높은 사람들을 비유하여 말한 이 구절은, 지식의 허상과 자만의 본질을 정곡으로 찌른다. "나는 얼마나 오랫동안 이 한 가지 분야, 즉 거머리의 뇌를 파고들었던가."

많은 지식인들은 자신이 습득한 지식이 자기 것이라고 착각한다. 책에서 배운 지식, 스승에게 들은 가르침, 혹은 타인의 사유를 외워서 이해한 내용들을 자신의 깨달음이라 믿는다. 어떤 분야에 몰두해 깊이 파고들다 보면 석사, 박사 학위를 거머쥐고, 지식의 성을 쌓아 올리며 그 성 안에 스스로를 가둔다. 그러면서 그 성벽이 곧 진리라고 믿기 시작한다. 니체는 이러한 지식인을 거머리에 비유했다. 거머리가 다른 존재의 피를 빨아 생존하듯, 지식인 또한 선대의 피 - 즉, 이전 세대의 사유와 탐구를 빨아들여 그 피로 살아간다. 그러나 거머리의 피는 자신의 피가 아니다. 그것은 단지 타인의 피일 뿐이다. 스스로 생산하지 않은 지식은, 아무리 그럴듯하게 보일지라도 자신의 것이 아니다.

그래서 니체는 외친다. "나는 지적인 양심을 지닌 자다." 그의 이 외침은 지식에 대한 정직함을 말한다. 대부분의 학설이나 사상, '새로운 이론'이라 불리는 것들조차 사실은 타인의 사유를 거머리처럼 흡수한 결과다. 그들은 자신이 창조했다고 믿지만, 실상은 이미 누군가의 피로 채워진 뇌가 새로운 옷을 입은 것에 불과하다.

'안다'는 말은 두려운 말이다. 얄팍하게 아는 자일수록 스스로를 현명하다 착각하며 그 착각이 때로는 일의 진실을 그르친다. 차라리 "나는 아무것도 모른다"고 고백하는 자, 그가 진정 지혜로운 사람이다. 못을 잘 박는 법을 논문으로 쓴 박사가 있다 해도, 그는 망치를 손에 쥐고 못을 직접 박아보지 않았다면 결코 못 박는 법을 아는 자가 아니다. 세상의 진리는 논리의 영역이 아니라, 경험의 영역이다. 느낌과 체험이 없는 지식은 공허하다. 사랑에 관한 모든 이론을 꿰뚫은 학자가 있다 해도 그가 진정 사랑하는 법을 아는가? 그가 책으로 배운 사랑으로 사랑받는 이를 단 한 번이라도 얻을 수 있었던가? 사랑의 본질은 지식이 아니라 감응이다. 사랑받고 사랑하며 평생을 함께 살아가는 것 - 그보다 더 아름다운 지혜는 없다.

지식의 함정에 빠지지 마라. 그 피는 당신의 피가 아니다. 당신의 지혜는 책 속이 아니라, 당신의 삶 속에서 피어나는 것이다.

차라투스트라는 이렇게 말했다.

5부 그래도 인간을 너무나 사랑해서
7편 올라가는 자

본문에 등장하는 노인은, 지금까지 자신이 살아온 세계가 아닌 한 차원 높은 세계를 향해 한 걸음 내딛은 사람이다. 그는 익숙한 삶의 질서에서 벗어나 새로운 세계로 향하려는 용기를 낸 존재다. 그러나 그 한 걸음은 결코 가볍지 않다. 그 길 위에는 혼란과 고통이 기다리고 있다. 니체는 이러한 노인의 심정을 짧은 아포리즘 시들로 섬세하게 묘사한다.

우리 역시 살아가면서 익숙한 환경, 오랫동안 반복해 온 습관의 세계를 떠나 새로운 삶의 방식, 새로운 사유의 길로 들어서려 한다. 하지만 세상은 그런 용기를 쉽사리 받아들이지 않는다. 사람들은 변화한 우리를 향해 묻는다. "야, 너 왜 이래?" 우리는 종종, 세상의 많은 사람들이 우리와 비슷한 생각을 하며 살아간다고 착각한다. 하지만 그것은 착각일 뿐이다. 각자의 생각은 다르고, 영혼의 높이 또한 다르다. 그렇다면 본문의 노인처럼 한 단계 더 높은 세계로 나아가려는 사람은 얼마나 외롭고 고통스러운 길을 걸어야 하겠는가. 그는 세상과 타협하지 않고 무소의 뿔처럼 홀로 자신의 길을 걸어야 한다.

그 길 위에는 수많은 폭풍이 몰려온다. 감정의 소용돌이, 외로움, 두려움, 회의 – 그러나 그것은 성장통이다. 강한 근육을 원한다면 고통스러운 훈련의 강을 건너야 하듯, 정신의 근육 또한 고통의 트레이닝 없이는 자라지 않는다. 만약 당신이 지금까지의 방식으로는 한 단계 더 높은 세계로 갈 수 없다고 느낀다면, 이제 그 과정에서 생기는 고통을 감내할 준비를 해야 한다. 성장은 곧 고통이며, 고통 없는 성장은 없다.

성장의 고통이 두려워 지금의 삶에 안주하겠는가? 아니면 그 고통을 껴안고 한 걸음 앞으로 나아가겠는가? 시간은 어차피 흘러간다. 그리고 인간은 죽음이라는 절대적인 순환의 법칙 앞에서 결코 자유로울 수 없다. 그렇다면 무엇을 두려워하겠는가? 어떻게 살아도, 우리는 결국 죽음과 마주한다. 그때, 죽음 앞에서 당신은 변명만을 늘어놓을 것인가? 한 걸음 앞으로 내딛어라. 그 한 걸음이 당신의 인생을 바꿀 것이다.

차라투스트라는 이렇게 말했다.

5부 그래도 인간을 너무나 사랑해서
8편 환상의 마술쇼

차라투스트라는 끊임없이 가르칠 만한 위버멘쉬, 즉 초인으로 성장할 가능성이 있는 인간을 찾아 방황한다. 그 여정 속에서 그는 수많은 부류의 사람들을 만난다. 그러나 아직, 진정한 위버멘쉬의 가능성을 지닌 인간은 만나지 못했다. 이전 단락에서 차라투스트라는 학자를 만났다. 그는 타인의 지식을 거머리처럼 빨아들여 그 피를 자신의 피인 양 자랑하는 자였다. 지식은 많았지만, 자기 스스로를 창조할 능력은 없는 자, 즉 초인으로 가기엔 한참 부족한 사람이었다. 니체는 그런 자를 "거머리"라 불렀다.

그리고 이번엔 더 완벽하게 위장된 자, 마치 진짜 현인처럼 보이는 마술사를 만난다. 차라투스트라조차 잠시 속아 넘어갈 만큼 교묘한 인물이다. 결국 그는 분노하여 몽둥이로 그 가짜 현인을 사정없이 두들겨 팬다. 마술사가 진짜 마술사로 보이기 위해선 관중이 그것이 마술임을 전혀 눈치채지 못해야 한다. 그것이 최고의 마술이다. 마치 그 마술이 실제하는 것처럼 보이게 하는 능력 - 그것이 세속적 지혜의 속임수이기도 하다.

오늘날도 우리는 수많은 "마술사들"을 본다. 그들은 현인처럼 말하고, 스승처럼 행동하지만 실상은 거짓의 마술을 부리고 있을 뿐이다. 진짜와 가짜를 구분하기란 얼마나 어려운가. 드라마 속 명배우의 연기를 볼 때, 우리는 종종 그가 연기하는 인물과 하나가 된 듯한 착각을 한다. 그러나 그것은 연기, 즉 허구다. 마술사도 마찬가지다. 그의 세계는 관객의 눈을 속이는 완벽한 연출의 세계다. 본문의 노인은 바로 그 마술사였다. 그리고 차라투스트라조차 그에게 한때 속아 넘어갔다.

당신은 가짜 현인과 진짜 현인을 구분할 수 있는 눈이 있는가? 세상에는 수많은 가짜들이 진짜보다 더 진짜처럼 보인다. 그들은 진실처럼 말하고, 진리인 양 행동한다. 그래서 우리는 종종 속는다. 우리는 자신만의 기준으로 누군가를 판단한다. "이 사람은 진실한 사람이야." "이 사람의 말은 옳아." 그러나 그것은 착각일 수 있다. 진실과 진리는 다르다. 그리고 사실과 진리를 구분하는 일은 더더욱 어렵다.

하나가 된다는 것과 하나가 된 것처럼 보이는 것은 전혀 다르다. 하나가 된 것처럼 보이는 것은 연기자의 세계, 즉 허상의 영역이다. 하지만 진정으로 하나가 되는 것은 삶의 영역이며, 깨달음의 세계다. 두 가지는 비슷해 보일지라도 그 본질은 하늘과 땅만큼 다르다. 오늘날 대부분의 사람들은 자신이 삶을 살고 있는지, 아니면 삶을 연기하고 있는지조차 모른다. 만약 당신이 타인의 눈에 비친 자기 모습을 바라보며 살아간다면 당신은 연기하고 있는 삶을 살고 있는 것이다. 그러나 만약 당신이 자신의 심연에 비친 자기 모습을 바라본다면 그것이야말로 진정 하나가 된 삶이다. 거울에 비친 얼굴을 보는 것이 아니라, 심연의 거울에 비친 영혼의 얼굴을 보라. 그것이 당신의 진짜 모습이다.

차라투스트라는 이렇게 말했다.

5부 그래도 인간을 너무나 사랑해서
9편 조작된 예수

차라투스트라는 일자리를 잃은 교황을 만난다. 그와의 대화 속에서 니체는 이렇게 묻는다. "내가 죽인 신, 아니 우리가 죽여 버린 신 - 그 신은 도대체 어떤 신인가?" 그렇다면 지금도 전 세계에 남아 있는 수많은 기독교인, 이슬람교인, 천주교인은 과연 어떤 신을 믿고 있는가?

니체는 단언한다. "이 세상에 단 한 사람의 진정한 그리스도인이 있었다. 그 사람의 이름은 예수였다. 그리고 그는 십자가에서 죽었다." 그렇다. 예수가 죽은 순간, 이 세상에는 더 이상 그리스도인이 남아 있지 않다. 니체가 유럽 사회와 전 세계적 그리스도교의 몰락을 예견한 이유는 분명하다. 예수가 실행하려 했던 진정한 그리스도 정신은 사라지고, 예수 사후 바울에 의해 조작된 언어와 의식, 즉 "만들어진 신앙 체계"를 믿는 사람들이 그리스도인을 가장하고 있기 때문이다. 니체는 그것을 르상티망(resentiment), 즉 약자의 원한 감정이 만들어낸 복수심이라 불렀다. 이 감정이 예수의 순수한 사랑의 정신을 오염시켰다.

그들이 말하는 원죄(原罪), 이브가 선악과를 먹고 스스로 알게 된 것을 죄라 규정한 그 교리 - 그것은 얼마나 부당한가? "모르는 것을 알고자 한 호기심이 왜 죄인가?" 설령 그것이 죄라 하더라도 그 죄를 왜 수천 년 후손들에게까지 덮어씌우는가? 그것은 다름 아닌 연좌제다. 조선 시대 김삿갓이 조상의 역모에 연루되었다는 이유로 과거조차 보지 못했던 것과 무엇이 다른가? 그래서 니체는 말했다. "신의 죽음은 당연한 귀결이다."

그리스도교에서 가장 많이 쓰는 말 - '대속', 그리고 '예수의 보혈로 우리의 죄를 씻었다' - 이것은 누가 만든 말인가? 예수가 만든 말이 아니다. 그것은 예수의 죽음 이후, 바울과 후대의 종교 지도자들이 만들어낸 종교적 조작이었다. 그들은 순수한 예수의 죽음을 자신들의 행위의 정당성을 확보하기 위한 거대한 신화로 미화했다. 그리하여 예수의 사랑과 자유의 정신은 사라지고, 인간은 "죄"라는 프레임 속에 갇혀 죄팔이, 천국팔이에 의존하는 존재로 전락했다.

이제 신은 죽었다. 따라서 그 신을 팔던 자들, 즉 종교의 이름으로 군림하던 자들은 모두 실직자가 되었다. 그렇다면 신이 사라진 이 세상에서 우리는 어떻게 살아가야 하는가? 만약 당신이 이 질문에 확고한 의지와 신념으로 답할 수 있다면, 그 순간부터 당신은 초인의 길을 걷고 있는 것이다.

인간의 고귀한 정신은 그 어떤 외부에도 의존하지 않고, 허공처럼 자유로워야 한다. 탐내지 말고, 속이지 말며, 갈망하지 말고, 남의 덕을 가리지 말라. 혼탁과 미혹을 버리고, 세상의 온갖 애착에서 벗어나 무소의 뿔처럼 혼자서 가라. 세상의 유희나 오락, 쾌락에 젖지 말고 그 어떤 것에도 휘둘리지 말라. 고민 없이 진실을 말하면서 무소의 뿔처럼 혼자서 가라.

차라투스트라는 이렇게 말했다.

5부 그래도 인간을 너무나 사랑해서
10편 위대한 사랑

니체는 예수의 죽음에 대해 교황에게 묻는다. "동정심이 그의 목을 졸라 죽었다고 하던데, 그것이 사실인가?" 소크라테스도 스스로 죽음을 선택했고, 예수 또한 스스로 죽음을 선택했다. 하지만 두 사람의 죽음은 그 성격이 달랐다. 소크라테스가 죽음을 맞이했을 때의 나이는 71세, 예수가 죽음을 맞이했을 때의 나이는 33세였다. 소크라테스는 인간에 대한 사랑이나 연민 때문이 아니라 자신이 평생 설파해 온 말과 신념의 명예가 훼손될 것을 두려워하여 해외 망명을 거부하고 독배를 마셨다. 그의 죽음은 철저히 사상의 명예를 지키기 위한 선택이었다.

두 사람의 죽음에는 공통점이 있다. 모두 재판에 의한 형벌로 죽음을 맞이했다는 것이다. 그리고 더 깊이 들어가 보면, 그 죽음은 같은 민족의 시기와 질투에 의해 일어난 간접 살인이었다. 우리는 오늘날에도 이와 다르지 않다. 눈을 뜨면 언제나 누군가를 향한 여론 재판이 시작된다. 시기, 질투, 분노의 감정이 들불처럼 번져 누군가를 형장의 이슬로 보내고 싶어 하는 충동이 일어난다. 만약 당신의 마음속에 정치 지도자나 사회 지도자, 혹은 다른 신을 믿는 사람에 대한 미움과 분노가 솟구치고 있다면, 당신은 제2의, 제3의 십자가에 못 박힌 예수를 만들 준비가 되어 있는 사람이다.

니체는 말한다. "하느님이라 불리는 그 신은 사랑이 무엇인지를 알지 못한다. 그는 사랑의 신이 아니라, 심판관이 되고 싶어 하는 자다." 필자는 신학자는 아니지만, 성경 곳곳에 기록된 수많은 언어들이 분노의 언어, 심판의 언어임을 부정할 수 없다. 그 안에는 사랑의 부드러움보다 징벌의 위엄이 더 자주 등장한다. 그러나 니체는 이렇게 말한다. "진정 사랑을 아는 사람은 보상과 앙갚음의 저편에서 사랑한다."

자신이 누군가에게 준 것에 대한 보상을 바라는 사랑, 혹은 누군가에게 상처받은 뒤 보복의 감정으로 이루어진 사랑 - 그것은 결코 진정한 사랑이 아니다. 하지만 대부분의 사랑은 이 두 감정의 굴레를 벗어나지 못한다. 사람과 사람의 사랑은 언제나 Give and Take, 주는 자와 받는 자가 존재한다. 한쪽이 무한히 주는 사랑은 오래 지속될 수 없다. 그러나 예수의 동정심은 이 단계를 뛰어넘었다. 젊은 예수는 보상과 앙갚음을 초월한 사랑을 품었다. 그의 사랑은 순수했고, 너무도 맑았기에 그는 세상의 거친 질서 속에서 견디지 못했다. 그리하여 그는 스스로 죽음을 선택했다.

그의 사랑은 죽음 이후 오염되었다. 그 순수한 사랑은 제도화되고 종교화되며, 결국 권력의 도구가 되었다. 진정한 그리스도인이 되고 싶은가? 그렇다면 당신 마음속에 자리한 시기와 질투, 분노의 불씨를 내려놓아야 한다. 그것을 버리지 않고서는 예수가 보여준 완전한 사랑을 이해할 수 없다. 진정한 사랑을 원한다면, 보상과 앙갚음을 뛰어넘어라. 그 너머에서만 진정한 사랑이 피어난다.

차라투스트라는 이렇게 말했다.

5부 그래도 인간을 너무나 사랑해서
11편 – 아무나 돕지 마라

동정심이 많아 타인을 돕는 사람을 우리는 존경하고 우러러본다. 하지만 만약 누군가를 아무런 흔적 없이, 그 어떤 자취도 남기지 않은 채 돕는다면 그는 불교에서 말하는 무주상보시(無住相布施)를 실천하는 사람일 것이다. 그런 경지에 오른 사람은, 돕는다는 행위에 자신의 권위나 힘을 과시하려는 마음이 단 한 점도 없다. 만약 누군가 그렇게 완전한 동정심으로 타인을 도울 수 있다면, 그 사람은 이미 위버멘쉬(Übermensch), 즉 초인의 경지에 오른 사람이다.

하지만 우리는 대부분 누군가를 돕는다고 하면서 그 마음속에는 미세하게나마 우월감과 과시욕이 숨어 있다. 그 동정심이 진정한 연민인지, 아니면 자신의 선함을 증명하려는 욕망인지를 냉정하게 살펴보아야 한다. 그래서 니체는 이렇게 말한다. "도와주지 않으려 하는 것이, 돕겠다고 달려드는 덕보다 더 고귀할 수 있다." 진정한 도움은 도움을 주는 행위보다, 그 도움을 거절할 수 있는 용기에서 더 빛난다. 하지만 우리는 늘 도움을 주는 사람만을 선하다고 찬양한다. 반면, 도움을 거절하고 스스로의 길을 걷는 사람에겐 인색하다.

그러나 니체의 시선은 다르다. 그는 말한다. 도움을 주는 사람보다, 도움을 받지 않으려는 사람을 더 존경하라. 스스로의 발로 서서 걸어가는 자 - 그가 진정 위버멘쉬에 가까운 인간이다. 대부분의 왜소한 인간들은 도움을 주는 사람을 선하다고 말하면서, 도움을 거절하는 사람을 오만하다고 비난한다. 그러나 진정한 고귀함은 거절할 줄 아는 자, 즉 자립할 줄 아는 자에게 있다.

니체가 본문 마지막에서 이렇게 말한 이유가 바로 여기에 있다. "저기에 있는 저자도 자기를 경멸하는 만큼이나 자기를 사랑했다." 자기 자신을 진정으로 경멸할 줄 아는 사람만이 자기 자신을 파괴할 수 있다. 하지만 그 파괴는 단순한 자기 혐오가 아니다. 그것은 새로운 나를 탄생시키기 위한 위대한 파괴다. 과거의 자신을 부수지 않고서는 새로운 자신으로 다시 태어날 수 없다. 그러나 그 파괴가 자기 경멸의 늪에 빠지지 않아야 한다. 그때서야 비로소, 초인으로 가는 길 - 위버멘쉬의 길이 열린다.

"나는 크게 경멸하는 자를 사랑한다."

차라투스트라는 이렇게 말했다.

5부 그래도 인간을 너무나 사랑해서
12편 참회와 반성

니체는 말했다. "참회와 반성이 없는 사람은 암소보다 못하다." 소는 자신이 먹은 것을 다시 되새김질하며 두 번째, 세 번째, 네 번째 위로 내려보낸다. 그러나 인간은 대부분 자신이 삼킨 행동과 말, 그리고 그로 인해 남에게 준 상처를 되새기지 않는다. 참회하지 않는 인간을 어찌 되새김질하는 암소보다 더 높게 평가할 수 있겠는가?

사람들이 참회를 하지 못하는 이유는 눈이 밖을 향해 있기 때문이다. 눈은 외부의 사물을 보기 위해 발달했다. 그래서 사람은 타인의 허물과 결점은 금방 찾아내지만, 자신의 허물은 좀처럼 보지 못한다. 이는 단순한 비유가 아니라 생리적 진실이다. 인간의 눈은 자신을 직접 볼 수 없게 만들어져 있다. 거울을 통해서만 비로소 자신을 볼 수 있다. 마음 또한 이와 같다. 자신의 마음을 스스로 보는 일은 불가능하다. 오직 마음의 거울에 비추어볼 때만 그 마음의 실상을 볼 수 있다. 그 거울을 통해 자신을 비추는 행위 - 그것이 바로 참회다.

하지만 대부분의 사람들은 자신의 마음을 거울에 비춰보지 않는다. 그 대신, 밖에 있는 타인을 향해 거울을 들이댄다. 자신의 잘못을 타인의 탓으로 돌리고, 스스로를 변명하며 반성하지 않는다. 그래서 니체는 탄식한다. "온 세상을 얻더라도 되새김질 하나 배우지 못한다면, 그게 무슨 소용인가?"

그는 또 이렇게 말한다. "올바르게 주는 것이 올바르게 받는 것보다 더 어렵다." 진정으로 주는 일은 단순한 행위가 아니라 하나의 기술이다. 우리는 살아가며 누군가에게 도움을 주기도 하고, 누군가로부터 도움을 받기도 한다. 하지만 대부분은 받는 데 익숙하고, 주는 데 서툴다. 도움을 받아본 사람이라면 알 것이다. 진심으로 베푸는 일이 얼마나 어려운지. 만약 당신이 누군가의 도움을 받았을 때 그 마음이 채권과 채무의 관계처럼 느껴졌다면, 그것은 이미 순수한 도움의 차원을 벗어난 것이다. 받는 사람의 마음속에 빚이 생겼다면 그것은 '주는 것'이지 '베푸는 것'이 아니다. 주는 것은 관계를 만든다. 베푸는 것은 관계를 초월한다. 진정한 베풂은 받는 사람의 마음속에 빚의 그림자조차 남기지 않는 일이다. 그것이 가능할 때, 그 사람은 이미 참회와 반성의 지혜를 얻은 자다.

누군가를 돕고 싶다면 머무는 마음 없이 베풀어라. 그 베풂에 흔적이 남지 않을 때, 그대의 영혼은 비로소 가벼워진다.

차라투스트라는 이렇게 말했다.

5부 그래도 인간을 너무나 사랑해서
13편 그림자 사랑

당신을 세상에서 가장 응원하고 있는 존재는 누구일까? 그것은 바로 당신의 그림자다. 그렇다면 당신을 세상에서 가장 미워하는 자는 누구일까? 그 또한 당신의 그림자다. 당신은 결코 자신의 마음의 그림자로부터 도망칠 수 없다. 그림자는 당신의 몸에 붙어 있는 또 하나의 '나'이며, 빛이 닿는 한, 영원히 함께하는 존재다.

우리는 평소에 살아가면서 자신의 그림자가 늘 곁에 있음에도 그것을 인식하지 못한다. 그렇듯 우리는 자신의 양심에 비친 진짜 자아의 얼굴을 보지 못한 채 살아간다. 하지만 어느 날, 당신이 당신 자신에게 실망스러운 행동을 했다면 그때 가장 깊이 상처받고 서운해하는 존재는 바로 당신 내면의 거울에 비친 그림자 속의 당신 자신일 것이다. 그래서 옛사람들은 말했다. "군자는 혼자 있을 때도 세상 온 천지가 자신을 바라보고 있다고 생각하며 행동한다." 세상은 언제나 당신 마음의 그림자가 드리운 형상을 그대로 반사하여 당신에게 되돌려준다. 그것은 한 치의 조작도, 왜곡도 허락하지 않는다.

하지만 초인(Übermensch)은 자신의 그림자를 인식하고 그것에 매이지 않는다. 그림자가 있음을 알면서도, 그림자의 존재 유무에 관계없이 도(道)의 길에서 한 치도 벗어나지 않는다. 세상 사람들은 늑대의 탈을 쓰고 양의 그림자가 비치기를 바란다. 그러나 그런 삶은 진실과 멀고, 거짓된 연극에 불과하다.

니체는 말한다. "순풍이 불어오는가? 아, 자기가 어디로 가고 있는지를 아는 자만이 어떤 바람이 알맞고, 어떤 바람이 자기의 순풍인지를 안다." 자신이 어디로 가고 있는지도 모른 채 돛을 높이 올리고 바람을 탓하지는 않는가? 바람의 방향보다 중요한 것은 내가 어디로 향하고 있는가를 아는 일이다. 만약 당신이 목적한 항구에 다다랐다면, 이제는 돛을 내려야 한다. 탐욕은 순풍을 태풍으로 바꾸고, 당신의 배를 뒤집어버릴 수도 있기 때문이다.

은유적으로 말하자면, 감옥은 누구에게나 불행의 상징이지만, 세상에서 가장 안전한 곳이기도 하다. 그럼에도 누구도 그곳에 머물고 싶어 하지 않는다. 그러나 아이러니하게도, 감옥 밖에 있다고 믿는 당신은 스스로 셀 수 없이 많은 감옥을 만들어놓고 그 안에 갇혀 살고 있다. 그 감옥의 존재를 알고 싶다면 당신의 그림자에게 물어보라. 그림자는 당신이 만들어놓은 모든 감옥의 이름을 알고 있다. 당신의 그림자를 고통스럽게 하지 말라. 그는 당신이 외면한 진실한 자신이며, 당신을 끝까지 사랑하고 지켜보는 또 하나의 영혼이다.

차라투스트라는 이렇게 말했다.

5부 그래도 인간을 너무나 사랑해서
14편

니체가 자주 사용한 "위대한 정오"라는 말에는 여러 겹의 의미가 숨어 있다. 시간적으로 보자면, 정오는 오전과 오후가 갈라지는 경계의 순간이며, 태양이 가장 높이 올라 그림자가 가장 짧아지는 시간이다. 니체는 이 정오를 초인(Übermensch)으로 나아가기 위해 자기 자신이 완성되어 가는 시간, 즉 인간의 영혼이 가장 순수한 균형점에 이르는 시간으로 비유했다.

정오는 불교의 중도(中道), 그리고 장자가 말한 도(道)의 개념과도 맞닿아 있다. 정오란 숫자 0과 같다. 0은 양수도 음수도 아니며, 어느 쪽에도 치우치지 않은 완전한 중심이다. 정오는 오전도 오후도 아니다. 그것은 극단을 벗어나 모든 대립을 초월한 상태, 존재의 균형점이다. 하지만 인간은 언제나 한쪽으로 기울어 살아간다. 어떤 날은 오전의 열정 속에, 어떤 날은 오후의 권태 속에. 어떤 때는 극단적인 유신론으로, 또 어떤 때는 냉혹한 무신론으로 흔들린다.

우리의 생각과 감정이 완전한 정오에 머물 수만 있다면, 그때 그림자는 사라진다. 빛이 가장 높이 선 자리에 있을 때, 그림자는 더 이상 우리를 짓누르지 않는다. 우리의 영혼이 쉬지 못하고 늘 불안에 시달리는 이유는 정오의 자리에 머물지 못하기 때문이다. 작은 것으로도 행복할 수 있으려면, 먼저 자신의 영혼이 언제나 한쪽으로 달려가고 있음을 자각해야 한다. 그 사실을 깨닫는 순간, 영혼을 다시 정오의 자리로 데려올 수 있다. 그곳이야말로 완전한 긍정 - 아모르 파티(Amor Fati) - 로 향하는 유일한 길이다.

만약 당신이 요즘 삶이 무겁고 피곤하게 느껴진다면 자문해 보라. "지금 내 인생의 시간은 정오로부터 얼마나 멀리 떨어져 있는가?" 우리는 늘 과거의 낡은 가치를 부정하고 새로운 가치를 세우는 것이 새로운 삶을 여는 길이라 믿으며 살아왔다. 하지만 그럼에도 여전히 자유롭지 못하다면, 그 이유는 과거의 가치를 부정하는 행위 자체가 또 다른 '가치의 사슬'이 되어 우리를 얽매고 있기 때문이다.

진정한 가치는 고정된 것이 아니다. 그것은 언제나 현재 속에서 새롭게 창조되는 것이다. 아직 만나지 않은 미래의 시간에 미리 가치를 설정해 둔다면, 그 가치는 미래에 이르러 이미 낡은 것이 되어 있을 것이다. 따라서 자유란, 고정된 가치의 틀을 부수는 것이 아니라 그 어떤 가치에도 머물지 않는 상태, 즉 정오의 자리에 머무는 것이다. 진정한 휴식, 진정한 영혼의 잠은 세상의 모든 가치와 싸우고 있는 자기 자신을 정오의 시간으로 데려올 때만 가능하다. 그때서야 비로소 당신의 영혼은 쉼을 얻는다. 그때서야 비로소 당신의 삶은 완전한 긍정 속에서 가벼워진다.

차라투스트라는 이렇게 말했다.

5부 그래도 인간을 너무나 사랑해서
15편 돌아오는 길

이 이야기는 니체가 차라투스트라의 입을 빌려 전하는, "초인이 될 만한 인간을 찾아 나선 하루의 기록"이다. 차라투스트라는 하루 종일 초인의 가능성을 지닌 인간을 찾아다녔다. 그러나 끝내 찾지 못하고 해가 저물 무렵, 지쳐 자신의 동굴로 돌아온다. 그런데 놀라운 일이 일어난다. 낮 동안 그가 만났던 모든 사람들이 이미 동굴 안에 모여 있는 것이다. 이 장은 그들과 나눈 대화이며, 그 속에서 니체는 인간의 절망과 위로, 그리고 진정한 강함에 대해 이야기한다.

많은 이들은 자신이 절망한 사람을 위로할 수 있을 만큼 강하다고 생각한다. 그러나 니체는 묻는다. "당신의 위로가 그들을 위한 것인가, 아니면 그들의 절망을 통해 당신 스스로를 위로하고 있는 것인가?" 우리는 인생을 살아가며 크고 작은 절망을 마주한다. 그때 타인을 위로한다는 것은 결코 쉬운 일이 아니다. 진정한 위로란, 위로를 받은 사람이 평안을 얻는 것이지, 위로한 자가 자기 존재를 증명하는 행위가 아니다. 오히려 당신의 말이 그에게 또 다른 절망을 불러일으킬 수도 있다. 왜냐하면 진정한 위로는 체험에서만 나온다. 절망의 늪에 빠져 직접 허우적거려 본 적이 없는 사람은 그 늪의 깊이를 결코 알 수 없다. 그런 사람이 내뱉는 말은 아무리 아름답게 포장되어 있어도 결국은 사탕발림의 독(毒)이 될 뿐이다.

사람들은 흔히 인사치레로, 타인의 불행과 고통에 대해 위로의 말을 건넨다. 하지만 그 말들이 정말로 상처 입은 자에게 위로가 되고 있는지 스스로 묻는 이는 드물다. 진정한 위로는 스스로에게서만 발견되는 것이다. 그 누구도 타인의 절망을 대신 치유할 수 없다. 그럼에도 우리는 타인을 위로한다는 명분으로 종종 자신의 우월감을 확인하려 한다. "나는 저 사람보다 강하다." "나는 저 사람의 아픔을 견딜 수 있다." 이러한 숨은 의도가 깃든 위로는 결국 타자의 고통을 더 깊게 만든다.

따라서 우리는 타인의 절망에 대해 아는 척하지 말아야 한다. 타인의 고통을 이해한다고 말하는 순간, 우리는 이미 그 사람을 다시 한 번 상처 입히고 있는지도 모른다. 절망 앞에서는 겸손해야 한다. 왜냐하면 절망은 희망이 끊어진 다리이기 때문이다. 그 끊어진 다리는 국가의 세금으로 복구할 수도, 누군가 대신 이어줄 수도 없다. 그 다리를 다시 놓을 수 있는 재료는 오직 하나 - 당신의 내면에서 스스로 만들어내는 힘뿐이다. 그것이야말로 절망을 넘어 다시 일어서는 인간의 유일한 건축 재료이다.

차라투스트라는 이렇게 말했다.

5부 그래도 인간을 너무나 사랑해서
16편 웃고 사는 인생

니체는 우리에게 묻는다. "선한 인간 신드롬이 당신의 삶을 어떻게 파괴하고 있는가?" 우리가 왜 웃지 못하는가? 왜 춤추는 인생을 살 수 없단 말인가? 본문에서 "웃는 자는 화가 있을지어다"라는 말은 분명 종교적 색채를 띠고 있다. 그러나 니체는 도발적으로 묻는다. "웃는 것이 죄인가? 춤추는 것이 죄인가?" 당신의 인생을 축제로 만들지 못하는 이유는 당신이 아직 이 세상과 진정한 사랑에 빠지지 않았기 때문이다.

본문에서 니체는 말한다. "아이조차 이 대지에서 그 근거를 찾아낸다." 당신은 아이가 실패했다고 해서 그 아이가 우울해하거나 두려워하는 모습을 본 적이 있는가? 아이들은 지금 이 세계 - 이 땅 위의 현재 - 에서 산다. 그들은 죽은 뒤의 천국을 위해 사는 존재가 아니다. 아이들은 내년에 이사 갈 집을 위해 오늘 먹고 싶은 것을 참지 않는다. 그들은 오직 지금의 욕망, 지금의 기쁨, 지금의 눈부신 순간에 충실하다.

오래전, 우리 모두도 한때는 그런 아이들이었다. 그때 우리는 내일의 주가를 걱정하지 않았고, 다음 달 할부금에 시달리지 않았으며, 남의 시선에 맞춰 웃는 법을 배우지도 않았다. 그런데 언제부터 우리는 웃는 것을 사악한 일처럼 여겼는가? 춤추는 것을 불경하다고 믿게 되었는가? 인생은 춤추며 웃기에도 너무나 짧다. 지금 이 순간을 살지 못한다면 그 어떤 내일도 당신에게 웃음을 허락하지 않는다. 현재를 사는 인간은 웃지 않을 이유가 없고, 지금을 사는 인간은 춤추지 않을 이유가 없다.

아이들을 보라. 그들은 오직 현재에 살며, 지금이라는 순간 속에서 무한히 새로 태어난다. 불과 1분 전, 넘어져 울던 아이가 다시 일어나 걸음을 떼고, 잃어버린 장난감 대신 새로운 놀이를 찾는다. 그들에게 과거의 실패는 기억되지 않는다. 그들에게 지금이 전부이기 때문이다.

니체는 경고한다. "무조건적인 자들을 모두 피하라." "이 길만이 유일한 길이다." "이 방법만이 천국으로 가는 길이다." 이런 말을 하는 자들을 믿지 마라. 그들은 웃고 있는 당신을 죄책감으로 중독시키려 한다. 그들은 당신의 춤을 멈추게 하려는 자들이다. 그러므로 니체는 선언한다. "웃고 사는 자에게 복이 있을지어다." 그는 비탄에 잠긴 성자의 얼굴이 아닌, 춤추며 웃는 인간의 얼굴에서 진정한 초인의 그림자를 보았다.

차라투스트라는 이렇게 말했다.

운명을 사랑한 자의 고독 : 프리드리히 니체의 생애

1844년, 독일 작센 지방의 작은 마을 뢰켄에서 루터교 목사의 아들로 태어난 프리드리히 빌헬름 니체는 경건하고도 평온해야 했을 어린 시절부터 깊은 상실을 경험해야 했습니다. 다섯 살 때 아버지를 여의고, 이듬해 남동생마저 잃은 그는 여성들(어머니, 할머니, 고모들)에게 둘러싸여 자랐습니다.

명석했던 그는 본 대학교에 입학하여 잠시 신학을 공부했으나, 결국 학문의 길을 고전문헌학으로 돌려 라이프치히 대학교에서 그리스와 로마의 고전 세계에 심취했습니다. 그의 천재성은 만개하여, 불과 스물네 살의 나이에 박사 학위도 받기 전에 스위스 바젤 대학교의 정교수로 초빙되는 전례 없는 영광을 누립니다. 이 시기는 작곡가 리하르트 바그너와의 강렬한 만남과 교류가 이루어진 때이기도 하며, 그의 데뷔작인 『비극의 탄생』(1872)이 탄생한 시기이기도 합니다. 이 책에서 그는 그리스 비극의 '디오니소스적' 힘을 되살려내고자 했습니다.

그러나 그의 삶은 화려한 학자의 길로만 흐르지 않았습니다. 만성적인 편두통과 위장병은 그를 끊임없이 괴롭혔고, 결국 1879년 건강상의 이유로 교수직을 사임하고 홀로 떠도는 고독한 철학자의 삶을 택했습니다. 이탈리아, 스위스 등을 떠돌며 요양과 집필에 몰두한 약 10년간의 세월은 니체 철학의 진수가 터져 나온 시기였습니다.

그는 전통적인 도덕과 형이상학을 정면으로 부수며 "신은 죽었다"고 선언했고, 대신 인간에게 '초인(위버멘쉬)'으로 나아갈 것을 요구했습니다. 이 메시지는 『차라투스트라는 이렇게 말했다』(1883~1885)라는 예언자적인 형식의 걸작 속에 담겨 세상에 나왔습니다. 이후 『선악의 저편』, 『도덕의 계보』 등을 통해 기독교적 도덕의 가치를 철저히 해부하고, 삶의 근원적인 힘인 '힘에의 의지'와 자신의 운명 전체를 긍정하는 '아모르 파티(운명을 사랑하라)' 사상을 정립했습니다.

그러나 1889년 1월, 이탈리아 토리노에서 그는 돌이킬 수 없는 정신 발작을 일으키며 철학 활동을 멈추게 됩니다. 그의 마지막 11년은 어머니와 여동생의 간호를 받으며 어둠 속에서 보낸 세월이었습니다. 그의 사상적 불꽃은 꺼지지 않았으나, 정작 그 불꽃을 피워 올린 육신과 정신은 병마에 굴복하고 말았습니다.

1900년, 니체는 바이마르에서 쓸쓸히 눈을 감았지만, 그가 남긴 고독하고도 전복적인 철학적 유산은 20세기와 그 이후의 사유에 가장 강력하고 깊은 흔적을 남겼습니다. 그는 "모든 위대한 것은 고독하게 일어난다"는 자신의 말처럼, 고독한 생애를 통해 시대를 뛰어넘는 위대한 사상을 세상에 남긴 '운명을 사랑한 자'였습니다.

글을 마치며

언제나 원고를 탈고하고 한 권의 새로운 책을 세상에 내놓는 일은 저에게는 자식을 세상에 보내는 일과 다르지 않다고 느껴집니다. 기쁨과 설렘, 아쉬움과 부족함이 함께 찾아오는 그 감정은 언제나 처음처럼 낯설고, 늘 새롭게 다가옵니다.

이번에 완성한 니체에 관한 책 역시 그렇습니다. 돌아보면 부족한 점들이 늘 손끝에 남고, 언제나 스스로의 한계를 마주하게 됩니다. 그러나 그 아쉬움 속에 머물기보다는 또 한 걸음 앞으로 나아가기 위해 저는 새벽 불을 밝히며 다시 글을 쓸 준비를 하고 있습니다. 창작의 길은 멈출 때 완성되는 것이 아니라 계속 걸을 때 비로소 열린다고 믿기 때문입니다.

2026년에는 여러 장르의 철학 에세이가 출간될 예정입니다. 이번에 탈고한 니체의 "안티크리스트" 재해석을 비롯하여, 유발 하라리의 "사피엔스"와 "호모 데우스"를 지혜의 시각에서 다시 읽어낸 책, 그리고 불교 고전 "반야심경", 동양 고전 "장자(莊子)"를 현대적으로 재해석한 저작들이 차례로 세상에 선보일 준비를 하고 있습니다. 또한 제가 살아오며 느끼고 생각해온 삶의 철학을 담아낸 "어떻게 살 것인가" 역시 출간을 기다리고 있습니다.

글을 한 땀 한 땀 정성스럽게 써 내려가다 보면 항상 느끼는 것이 있습니다. 제 지적 역량이 아직 멀고도 멀다는 자각입니다. 그러나 그 부족함은 멈춤의 이유가 아니라, 더 배우고, 더 읽고, 더 깊이 사유하기 위한 동력이 됩니다.

그래서 저는 하루 24시간, 언어로 표현할 수 있는 모든 철학적 메시지를 조금 더 맑고 단단한 형태로 빚어내기 위해 진심을 다해 노력하고자 합니다. 언어는 사유의 틀이며, 사유의 틀은 곧 삶의 방식이기 때문입니다.

언제나 부족한 제 글을 읽어주시는 애독자님께 진심으로 감사드립니다. 여러분의 한 줄 읽음이 저를 다시 책상 앞으로 이끌고, 조용한 응원이 또 다른 새벽의 불빛을 밝게 합니다.

앞으로도 조금 더 깊고, 조금 더 성숙한 모습으로 찾아뵙겠습니다. 감사합니다.

- 부산에서 장희준 올림